U0319454

中国奥运记录

从夏奥到冬奥

季成　杨帅　编著

化学工业出版社

·北京·

内容简介

奥运会是人类文明的菁华，中华体育儿女在奥运舞台上书写了无数传奇故事。本书面向青少年，从体育的源头出发，以图文并茂的形式将文献研究与故事讲述、知识普及相结合，全方位、多角度地介绍奥林匹克的发展历史、我国夏季奥运会优势项目、冬季奥运会参赛项目、奥运传奇人物的励志故事等内容。

作为当今市面上为数不多的青少年奥运会科普读本，本书不是夏季奥运会与冬季奥运会常识的拼接，而是以"中国时刻"这一视角引导读者沉浸在奥林匹克历史中。在生动有趣地传递奥运知识的同时，更凸显中国运动员自强不息，永不言弃，更快、更高、更强——更团结的奥林匹克精神价值。

图书在版编目（CIP）数据

中国奥运记录：从夏奥到冬奥 / 季成，杨帅编著.
—北京：化学工业出版社，2022.10
ISBN 978-7-122-41973-6

Ⅰ.①中…　Ⅱ.①季…　②杨…　Ⅲ.①奥运会 -
体育运动史 - 中国 - 青少年读物　Ⅳ.① G811.219-49
② G812.9-49

中国版本图书馆 CIP 数据核字（2022）第 141347 号

责任编辑：王丽丽
责任校对：王　静

出版发行：化学工业出版社（北京市东城区青年湖南街13号　邮政编码100011）
印　　装：涿州市般润文化传播有限公司
787mm×1092mm　1/16　印张7³/₄　字数123千字　2023年5月北京第1版第1次印刷

购书咨询：010-64518888　　　　　　售后服务：010-64518899
网　　址：http://www.cip.com.cn
凡购买本书，如有缺损质量问题，本社销售中心负责调换。

定　　价：69.00元　　　　　　　　　　　　版权所有　违者必究

1894 年，皮埃尔·德·顾拜旦与不同国家的代表决定成立国际奥委会、开创现代奥林匹克运动时，嘲讽、不解、质疑声不断。力排众议下，两年后，第 1 届现代奥林匹克运动会在雅典举行。当时的人们不会想到，曾经被讽刺的奥林匹克运动竟然在百年间坚持了下来，吸引着全世界 100 多个国家和地区的人们积极参与，成为人们普天同庆的节日，在 21 世纪的今天历久弥新，仍然焕发着生机与活力。

奥林匹克运动是人类社会的一个罕见的杰作，它带给我们的绝不仅仅是精彩绝伦的体育比赛和超越人类极限的竞技成绩，更多的是"更快、更高、更强——更团结"的体育精神，以及将不同国度、语言、种族、宗教信仰的人们凝聚在一起的体育力量。如今，奥林匹克运动的影响力已经远远超出了体育的范畴。现代奥运会已发展为实践和平理念的舞台，鼓励不同国家、民族、种族之间增进信任与合作，减少敌意与对抗，它对当今世界政治、经济、文化、社会、艺术等多个领域都有着不可小觑的影响。奥林匹克运动不仅使我们发现体育能改造人自身的自然魅力，更凭借着其特有的文化价值和人文精神催人奋进，生生不息。

中国人的奥运会之旅始于刘长春。在 1932 年洛杉矶奥运会上，刘长春作为中国代表团的唯一选手前往

洛杉矶，虽然因舟车劳顿而比赛成绩不佳，但从命途多舛的祖国到世界瞩目的奥运赛场，他的奥运之旅已经成为一个传奇。回国之后，刘长春发出了"愿诸君奋勇向前，愿来日我等后辈远离这般苦难"的感叹与期许。1984 年，奥林匹克运动会再次来到洛杉矶，这一次，许海峰一枪射击，打掉了中国奥运史上零金牌的屈辱。

当初，孤身一人的刘长春远渡重洋单刀赴会，留下的只有孤独和遗憾。而从我国成功举办 2008 年北京奥运会和 2022 年冬奥会的能力来看，中国已集聚了政治、经济、社会、技术等各个方面的优势，所以这两届盛会成为精彩、非凡、卓越的奥运传奇。

作为世界上影响力最大的体育盛会，奥林匹克的历史值得我们书写。本书通过图文并茂的形式介绍奥林匹克的发展历史、奥运项目、传奇人物励志故事，在生动有趣地传递奥运知识的同时，凸显中国运动员的奥林匹克精神价值。

季成

2022年3月1日

目录

 第三章　中国奥运人物传奇　　/ 095

第一章

奥运历史

一、古代体育运动

（一）体育的起源

　　体育是我们日常生活中不可缺少的一部分，从锻炼身体的活动，到学校中的一门课程，乃至我们可以观赏和参与的赛事，都属于体育的范畴。那么，如此重要的体育，它的源头又在哪里呢？从考古学的发现来看，古代中国体育的起源甚至可以追溯到遥远的周代。历史学家和考古学家们认为，体育活动最早来源于人们劳动和生活的自然活动，之后被视为从少年到成年的仪式中必要的身体训练，又发展出了以祭祀为目的的竞技活动。

　　古代人赖以生存的生产劳动为人们提供生存和生活的必需品，而在劳动之余，人们把闲暇的精力用于体育活动，尤其把体育视为一种娱乐身心的游戏，展示出人类活跃的生命力，这就是体育起源的"余力说"和"游戏说"。除了生产劳动，体育和人类社会的宗教、艺术、战争都有着密切的联系，比如诞生于古希腊的古代奥林匹克运动会，就是体育与人类文明共同发展的典型。

（二）古代奥运会

　　古代奥运会是在战争背景和祭神形式中产生的，它表达了人们对和平的期待以及对神灵的崇敬。古代奥运会诞生于古希腊，公元前9世纪到公元前 8 世纪的古希腊无统一的君主，各个城邦之间战争不断，各城邦训练士兵的有力手段就是体育活动。为了让男性获得强壮的身体以应付战争，实用性的体育锻炼愈发在城邦中流行。战争无疑令人民叫苦不迭，为了获得喘息的时机，城邦之间订立了停战协议，在停战期间举办和平与友谊的奥林匹克运动会。

古希腊人每逢重大的节日，各城邦都会举行盛大的集会，以歌舞等丰富的艺术方式来表达对神的崇敬之情。古希腊人认为宙斯是众神之首，为表达对宙斯的崇敬，他们选择了体育竞技的方式，古代奥林匹克运动会由此诞生。

古代奥林匹克运动会从公元前 776 年起，到公元 394 年止，经历了 1170 年，共举办了 293 届。其中，公元前 776 年至公元前 388 年，是古代奥林匹克运动会兴起并繁盛的时期。公元前 776 年，伯罗奔尼撒的统治者伊菲图斯组织了首届古代奥林匹克运动会，并决定该项赛事每 4 年举行一次，时间定在闰年的夏至之后。参赛者遍及希腊各个城邦，奥运会盛极一时，成为希腊最盛大的节日。

公元前 146 年至公元 394 年，古代奥运会由衰落走向毁灭。公元 511 年、522 年接连发生的两次强烈地震，使奥林匹克运动会发源地奥林匹亚遭到了重创，繁荣的奥林匹亚变成了一片废墟。

古代奥运会主要竞技项目有十多项，如赛跑、摔跤、拳击、赛马、赛战车等，大部分项目与军事有关。这些比赛对抗性强，追求勇敢、强壮和健美，体现古希腊人尊重和平和公平竞争的奥林匹克精神，给后世留下了宝贵的体育遗产。五项竞技是古代奥林匹克运动会最具代表性的比赛项目，第一次出现在公元前 708 年第 18 届古代奥运会，包括赛跑、跳远、掷铁饼、掷标枪和摔跤。《掷铁饼者》雕像就取材于这五项运动之一（图 1-1）。

图 1-1 《掷铁饼者》

（三）中国传统体育

中国古代体育游戏有着悠久的历史和传统，是中国古代文明的重要组成部分。中国传统体育项目多种多样，常见的有以太极拳为代表的东方武术、"古代足球"蹴鞠、人马合一的骑术等。首先，中国传统体育注重礼仪。"礼"是中国传统文化价值的体现。如盛行于唐代的"十五柱球戏"，柱子上就分别标有"仁、义、礼、智、信、温、良、恭、俭、让"等红字和"傲、慢、佞、贪、滥"等黑字，木球击中红柱者为胜，击中黑柱者为败，以此游戏来倡导优良的传统价值观。其次，传统体育注重内外兼修。中国古代体育深受儒家"修身、齐家、治国、平天下"思想的影响，偏重修身养性、陶冶性情。以武术为例，注重武德、内外兼修、神形兼备历来是习武者的第一要义，武术运动的习练中无不突显出自强进取、自我修养、人格完善的传统文化精神。另外，传统体育注重艺术内涵。中国古代体育项目，如剑舞、龙舟竞渡、荡秋千等，都追求形式美和艺术性。

二、现代奥运会发展历程

（一）顾拜旦与现代奥运会的诞生

古代奥林匹克运动创造了竞技运动组织模式与奥林匹克理想和精神，对现代体育产生了深远的影响。而开启现代奥林匹克运动的人是皮埃尔·德·顾拜旦（图1-2），他也被称为"现代奥林匹克之父"。

图1-2　皮埃尔·德·顾拜旦

顾拜旦1863年出生于法国巴黎的一个贵族家庭，他对古希腊体育和古代奥运会有深刻的了解和特殊的感情，决心发掘古代奥林匹克的价值，并付出切实的努力，力图复兴奥运会。

当时的欧洲正笼罩在战争的阴云之下，顾拜旦希望借鉴古代奥运会的"神圣休战"，来促进当时国家之间的和平，通过体育将各国青年聚集起来，让他们在奥运会比赛中增进了解。1889年起，顾拜旦开始筹备复兴奥运会，他发表"复兴奥林匹克"演说，提出了复兴奥运会的具体构想。1894年，国际奥林匹克委员会在巴黎创立。在第1届国际奥委会会议上，顾拜旦提议，由于希腊是古代奥林匹克的发源地，由希腊举办1896年首届现代奥林匹克运动会。

顾拜旦为国际奥委会设计了会徽、会旗。会旗上面有蓝、黄、黑、绿、红 5 个环环相扣的彩色圆环，象征着五大洲的团结，以及全世界参赛运动员以公正、坦诚的运动员精神在奥林匹克运动会上相聚。他还倡议点燃奥林匹克圣火，确定奥林匹克运动会格言为"更快、更高、更强"。

（二）奥林匹克运动会的发展

1914 年至 1918 年的第一次世界大战，使 1916 年原定在柏林举行的第 6 届奥运会被迫取消。之后第二次世界大战降临，奥林匹克运动陷入了停滞。好在国际奥委会抓住了两次大战之间的喘息之机，举办了 5 届夏季奥运会和 4 届冬季奥运会，确立了奥运会的基本框架。

在此期间，不能忽视 1924 年冬奥会的创立。冬季运动是现代体育运动的重要组成部分，冰天雪地等严酷自然条件下的体育运动对青少年的锻炼价值重大，这是夏季体育运动不可替代的。1924 年法国夏蒙尼冬季奥运会的举办丰富了现代奥林匹克运动。另外，1928 年，女子田径正式成为奥运会项目，这是女子体育运动的一个历史性的进步。

1930 年，国际奥委会执行委员会与国际单项体育联合会代表理事会协商决定，奥运会正式竞赛项目为田径、体操、防御项目（拳击、摔跤、击剑、射击）、赛艇、游泳、马术、现代五项、自行车、举重、帆船，组委会可选择项目有草地网球、水球、冰球、手球、篮球、回力球。国际奥委会决定奥运会持续 16 天，除团体项目外，每个项目只允许来自一个国家的 3 名运动员参赛。女子项目是体操、田径、游泳和击剑。至此，奥运会形成了现代竞技的基本项目。

诸多竞赛组织方面也形成了标准。

1920 年安特卫普奥运会展示奥林匹克五环旗，开幕式放飞和平鸽，运动员宣誓，首次使用 400 米跑道。

1924 年巴黎奥运会开始使用 50 米的游泳池。

1932 年洛杉矶奥运会为冠军、亚军、季军设置高度不同的领奖台，正式设立接待运动员的奥运村。

1936 年柏林奥运会进行圣火传递，组委会拍摄纪录电影，首次电视转播。

奥林匹克格言"更快、更高、更强"是这一时期奥林匹克思想的重要体现，与"重在参与"的精神相辅相成，鼓励人们以积极进取的精神参与到奥林匹克运动中。

与 1950 年之前相比，1950 年后奥运会的规模扩大，竞技运动的水平快速提高，奥运会举办地也不再局限于欧洲和美洲。1956 年和 1964 年大洋洲澳大利亚的墨尔本和亚洲日本的东京分别成功举办了第 16 和第 18 届奥运会。这一时期最引人注目的一件大事是 1979 年中华人民共和国恢复了本国在奥林匹克运动中的合法席位，这不仅为中国体育提供了一个广阔的国际舞台，促进了中国体育的发展，而且对奥林匹克运动也产生了极其重要的促进作用。

进入 21 世纪以来，共举办了 5 届夏奥会和 6 届冬奥会，分别是 2002 年盐湖城冬奥会、2004 年雅典奥运会、2006 年都灵冬奥会、2008 年北京奥运会、2010 年温哥华冬奥会、2012 年伦敦奥运会、2014 年索契冬奥会、2016 年里约奥运会、2018 年平昌冬奥会、2020 年东京奥运会（实际于 2021 年举办）、2022 年北京冬奥会。奥林匹克运动为世界体育的发展和人类社会的进步做出了巨大贡献，它在困难和挫折中走出自己的发展之路，促进了人类社会的和平、友谊和进步。

三、中国人参加奥运会概况

（一）中国人第一次参加奥运：刘长春单刀赴会

刘长春，1909年11月出生于奉天省（今辽宁省）。他从小爱好运动，曾以100米11.8秒和400米59秒的成绩，创造了大连小学生短跑纪录。1929年5月，刘长春在举办于沈阳的第14届华北运动会上，一举打破100米、200米和400米三个短跑项目的全国纪录，成绩分别是10.8秒、22.4秒和52.4秒。在当时，这样的成绩非常了得，要知道1928年阿姆斯特丹奥运会百米冠军的成绩也只是10.8秒。

1932年7月8日，刘长春作为中国代表团的唯一选手，自上海新关码头乘船赴美。7月29日下午4点，邮轮终于抵达第10届奥运会举办地——洛杉矶。7月30日下午2点的奥运会开幕式上，刘长春高举国旗走进体育场。7月31日开赛第二天，男子100米短跑预赛鸣枪发令。一个身材矮小、肤色黝黑的中国选手吸引了众人好奇的目光。发令枪响，第二跑道的刘长春在前60米一路领先，但在第70米处，他被追平反超，到达终点时他是6名参赛选手中的第5名而被遗憾地淘汰。8月2日，他又站到200米预赛起跑线上，最终位列小组第4，再度被淘汰。

第一次出国比赛，加上远程跋涉、舟车劳顿，刘长春未能发挥出自已的真正实力，抱恨回国。但在 1933 年的第 5 届全国运动会上，他创造了 100 米 10.7 秒的全国纪录，并保持了 25 年之久。尽管他没有进入奥运会决赛，但他的名字被写进了中国奥运历史，因为他是现代奥运会举办以来第一个进入奥运赛场的中国人！从命途多舛的祖国到世界瞩目的奥运赛场，他的奥运之旅已经成为一个传奇。

（二）新中国首次全面参赛

1984 年 7 月，第 23 届洛杉矶奥运会，中国奥委会派出庞大的体育代表团参加了这一盛会。距此 52 年前，中国首次参加的第 10 届奥运会也是在洛杉矶举行，当时只有刘长春一名运动员代表中国参赛。这一次，中国代表团共有 225 名运动员参加了 16 个项目的比赛。

1984 年 7 月 29 日，洛杉矶奥运会开幕第一天，中国体育代表团重返赛场，展现了新兴世界体育强国的风采。在洛杉矶普拉多射击场上，来自 38 个国家的 56 名优秀选手一决高下。许海峰在男子手枪慢射比赛中以 1 环优势击败对手，为中国夺得了首枚奥运金牌。中国强势回归世界赛场，一扫 100 多年的"东亚病夫"的耻辱！

奥运会颁奖仪式上，第一次奏响中华人民共和国国歌，第一次升起鲜艳的五星红旗。时任国际奥委会主席的萨马兰奇亲自为许海峰颁奖并激动地说："今天是中国体育史上伟大的一天，我为能亲自把这一块金牌授予中国运动员而感到荣幸！"

在洛杉矶奥运会上，被誉为"体操王子"的李宁共获得 3 枚金牌、2 枚银牌和 1 枚铜牌，是本届奥运会获得奖牌最多的中国运动员。中国女排在获得了 1981 年世界杯冠军和 1982 年世界锦标赛冠军之后，在洛杉矶奥运会决赛中以 3 ： 0 击败美国队，实现了世界大赛的"三连冠"，成为中国人的骄傲。中国代表团最终共获得 15 金、8 银、9 铜，在金牌榜上排名第四，一举迈入世界体育强国之列。

（三）历届夏季奥运会中国代表团奖牌、成绩概况

第 23 届洛杉矶奥运会（1984 年）	15 金	8 银	9 铜	排名第 4
第 24 届汉城奥运会（1988 年）	5 金	11 银	12 铜	排名第 11
第 25 届巴塞罗那奥运会（1992 年）	16 金	22 银	16 铜	排名第 4
第 26 届亚特兰大奥运会（1996 年）	16 金	22 银	12 铜	排名第 4
第 27 届悉尼奥运会（2000 年）	28 金	16 银	14 铜	排名第 3
第 28 届雅典奥运会（2004 年）	32 金	17 银	14 铜	排名第 2
第 29 届北京奥运会（2008 年）	48 金	22 银	30 铜	排名第 1
第 30 届伦敦奥运会（2012 年）	39 金	31 银	22 铜	排名第 2
第 31 届里约奥运会（2016 年）	26 金	18 银	26 铜	排名第 3
第 32 届东京奥运会（2021 年）	38 金	32 银	18 铜	排名第 2

四、 中国首次举办奥运会

（一）申办与筹办

中国申办奥运会经历了一个艰难曲折的过程。中国于 1991 年首次申办奥运会，开始了争取 2000 年奥运会主办权的艰苦工作。1993 年 9 月

23 日，在蒙特卡洛举行的国际奥委会第 101 次全体会议上，中国北京以 2 票之差输给了澳大利亚悉尼，未能获得 2000 年奥运会的主办权。

1998 年 11 月，国家决定由北京申办 2008 年奥运会。2000 年 8 月 28 日，中国北京成为 2008 年第 29 届奥运会的申办城市之一。同时，土耳其的伊斯坦布尔、日本的大阪、法国的巴黎、加拿大的多伦多也成为候选城市。北京在申奥之初处于领先地位，因为中国经济的快速发展、政治的稳定和国际地位的显著提升都为申奥提供了有利的前提条件。

2001 年 7 月 13 日，国际奥委会第 112 次全体会议投票选举北京为 2008 年夏季奥运会的主办城市。当时任国际奥委会主席的萨马兰奇说出"北京"时，国际奥委会的宣布大厅里顿时沸腾了，整个北京沸腾了，整个中国沸腾了！

（二）理念、口号、吉祥物

1. 理念

现代奥林匹克主义是顾拜旦提出的，奥林匹克主义提倡的"公正、平等、宽容、重在参与"的理念，在全球范围内得到广泛认同和传播。2008 北京奥运会提出"绿色奥运""科技奥运"和"人文奥运"三大理念，是对奥林匹克主义精神的传播和弘扬，意义深远。

2. 口号

2005 年 6 月 26 日，在北京工人体育馆举行的北京 2008 年奥运会主题口号发布仪式上，北京奥组委宣布"同一个世界、同一个梦想（One world,

One dream)" 成为 2008 年北京奥运会中英文主题口号。"同一个世界、同一个梦想"集中体现了奥林匹克精神的实质和普遍价值观——团结、友谊、进步、和谐、参与和梦想，表达了全世界在奥林匹克精神的感召下，追求人类美好未来的共同愿望。这个主题口号深刻反映了北京奥运会的核心理念，体现了作为"绿色奥运""科技奥运""人文奥运"三大理念的核心和灵魂的"人文奥运"所蕴含的和谐价值观。

3. 吉祥物

纵观人类的发展史可以发现，奥运"吉祥物"是时代变迁的产物。2008 年北京奥运会的吉祥物启用了一组多样、重复又独立的五个造型来展现我国的文化意蕴。吉祥物由五个福娃组成，其造型设计分别为鱼、大熊猫、奥林匹克圣火、藏羚羊及燕子的形象。并且，这五个福娃都有一个朗朗上口的名字，分别为"贝贝""晶晶""欢欢""迎迎"和"妮妮"，连起来谐音为"北京欢迎你"。其造型设计运用了中国传统艺术的表现方式，展现了中国灿烂悠久的文化，同时也蕴含着中国人民对成功举办奥运会的希望与对人类和谐、美好与幸福的期盼。在整个福娃造型设计上，设计师不仅巧妙地融入了五种元素，还运用了奥运会会徽的五种颜色，并赋予了每个福娃不同的意义，使它们分别传递了一种美好祝愿：繁荣、欢乐、激情、健康与好运。

（三）赛区场馆

2008 年北京奥运会使用比赛场馆、训练场馆合计 37 座，分别位于北京、青岛、香港、上海、沈阳、天津和秦皇岛。

北京新建 11 个奥运场馆，国家体育场（鸟巢）（图 1-3）、国家游泳中心（水立方）（图 1-4）、国家体育馆、五棵松体育馆等都在这一时期建成，并圆满承担了北京奥运会、残奥会任务。

图 1-3　国家体育场（鸟巢）

图 1-4　国家游泳中心（水立方）

国家体育场俗称"鸟巢"，位于北京奥林匹克公园中心区南部，为 2008 年第 29 届奥林匹克运动会的主体育场。工程总占地面积 20.4 公顷，建筑面积 258000 平方米。场内观众座席约为 91000 个，其中临时座席约 11000 个，用于举行奥运会和残奥会开闭幕式、田径比赛及足球比赛决赛。奥运会后"鸟巢"已成为北京市民广泛参与体育活动及享受体育娱乐的大型专业场所，并成为地标性建筑和奥运遗产。

（四）比赛概览

北京奥运会共设 28 个大项、302 个小项，共 303 枚金牌。中国代表团借助天时、地利、人和，共摘得 48 金、22 银、30 铜，金牌总数首次超越了美国，占据金牌榜第一位。

众所周知，中国奥运军团有"七大强项"之说，即乒乓球、羽毛球、跳水、体操、举重、射击和柔道。在 2008 年奥运会上，中国体育七大强项都有着出色的发挥，只体操一项就夺得 9 枚金牌，此外举重 5 枚金牌、跳水 7 枚金牌、射击 5 枚金牌、柔道 3 枚金牌，均创造了历史最佳战绩，乒乓球再次包揽 4 枚金牌，羽毛球也有 3 金入账。中国军团在七大强项中一举夺得 36 枚金牌，远远超过了此前的历届战绩，甚至超过了上届金牌榜霸主美国军团的金牌总数，这也为中国代表团超越美国、坐上金牌榜首席宝座奠定了坚实基础。

此外，一些潜优势项目纷纷实现金牌零的突破。在女子射箭项目中，张娟娟连续击败韩国队前 3 号种子朱贤贞、尹玉姬、朴成贤夺冠，从射箭"梦之队"手上抢得了这枚金牌，终结了韩国在射箭场上 24 年不败的神话。

何雯娜夺得蹦床女子单人跳桂冠，这刷新了中国女子蹦床在奥运会上的最好成绩（此前最好成绩为 2004 年奥运会，黄珊汕夺得第三名）。在此之后，何雯娜被誉为"蹦床公主"。此外，陆春龙、董栋分别获得蹦床男子单人跳金、铜牌，中国选手成为蹦床赛场当之无愧的赢家。此后，殷剑和张杨杨、奚爱华、金紫薇、唐宾（女子四人双桨队）先后分别为中国帆船、赛艇夺得有史以来的第一枚奥运金牌。男子佩剑选手仲满为中国击剑队夺得一枚宝贵的金牌，结束了中国击剑队 24 年无缘奥运金牌的历史。吴静钰在女子跆拳道 47 公斤级中夺冠，这是中国女子跆拳道第一次夺取小级别项目冠军，吴静钰也成为被载入跆拳道历史的运动员。拳击名将邹市明夺得男子 48 公斤级冠军，开启了他传奇般的职业生涯。游泳名将刘子歌以创造世界纪录的成绩夺得女子 200 米蝶泳冠军，该纪录直到 2022 年还无人打破！二度合作的孟关良、杨文军蝉联男子 500 米双人划艇冠军，创造了中国体育的历史！

（五）价值与意义

北京奥运精神是中国革命精神与世界奥林匹克精神在新的历史时期对接碰撞而结出的灿烂果实。"爱国拼搏"是北京奥运精神的核心，"爱国拼搏"中蕴含的爱国主义精神是北京奥运精神的思想引领，顽强拼搏是北京奥运精神的最大底色，实现爱国的根本途径在于拼搏。奥运会是最能体现拼搏精神的舞台之一。爱国就要不断拼搏，为国争光、顽强拼搏是对中国奥运实践的最好诠释。夺冠后的升国旗、奏国歌是奥运会最为神圣和庄严的时刻，能够亲历这一时刻向来是中国运动员参加国际大赛的梦想，是中国运动员顽强拼搏的动力和目标。奥运赛场上国歌响起、国旗升起，必将极大地振奋国人的爱国热情，凝聚更强烈的奋斗激情。

奥运会加速城市发展进程，推动了经济的发展。奥运带来的直接经济效益，主要体现在电视转播权销售、奥林匹克标志产品的专营权效益、指定赞助商的赞助、纪念品和门票收入。市政建设的改善所带来的间接经济效益更是从此源源不断、滚滚而来。筹办奥运期间，北京市新建和改建城市道路 318 千米，新建轨道线路共计 154.5 千米，全市轨道交通运营线路超过 300 千米，大大提高了包括公共交通在内的交通运营速度。同时，居民居住条件、居住环境和住房质量得到显著改善。奥运会还促进消费结构升级，文化、教育、旅游、保健等消费所占比重明显上升。另外，一批奥运场馆及相关文化、卫生设施的建成使用，使市民健身及医疗保健的物质条件大大改善。举办奥运会也可以增加就业机会，有效控制失业率，北京奥运会仅比赛场馆一项，就解决了许多人的就业问题。

北京奥运会、残奥会赛会志愿者总数约 10 万人，城市志愿者总数约为 40 万人，社会志愿者总数约为 100 万人。自 2007 年"好运北京"系列测试赛开始到北京残奥会结束，志愿者高质量的服务受到了各方的好评。这些志愿者的参与体现了人性的光辉，尽管没有任何物质的报酬，但他们为奥运会的成功举办发挥了巨大的作用，他们的微笑成为传遍世界的中国名片。

第二章

奥运会中国参赛项目介绍

一、夏季奥运会优势项目

（一）跳水

1. 简要历史

跳水运动的历史非常久远。人类在掌握了游泳技能之后，就开始有了简单的跳水活动。早在公元前 5 世纪，古希腊花瓶上就有描绘一群可爱的小男孩头朝下作跳水状的图案。我国在宋代出现了名为"水秋千"的简单跳水器械。

现代竞技跳水始于 20 世纪初。1900 年，瑞典运动员在第 2 届奥运会上作了精彩的跳水表演，这是公认最早的现代竞技跳水。1904 年第 3 届奥运会上，男子跳水被列为正式比赛项目。1908 年正式制定了跳水比赛

规则。到 1912 年第 5 届奥运会时，增加了女子比赛项目。

现代竞技跳水是随着其他欧美体育项目一道在 20 世纪初传入我国的。1979 年以来，我国选手在一系列重大比赛中取得优异成绩。现在，中国、美国、俄罗斯、德国已经被公认为世界跳水强国。

2. 规则

① 跳水项目均为自选动作，分为有难度系数限制和无难度系数限制两类。

② 在比赛中，运动员跳完全部动作，分数累加后以得分高者为优胜。

③ 跳水动作须在跳水竞赛规则的"动作难度表"中选定。

④ 跳板跳水比赛，男女分别有 6 个和 5 个无难度系数限制的自选动作，以及各有 5 个有难度系数限制的自选动作（其难度系数的总和不得超过 9.5）。

⑤ 跳台跳水比赛，男女分别有 6 个和 4 个无难度系数限制的自选动作，以及各有 4 个有难度系数限制的自选动作（其难度系数总和不得超过 7.6）。

⑥ 凡是奥运会跳水比赛和世界性跳水比赛都须进行预、决赛。

⑦ 运动员选跳的每一个动作必须一次完成，不能重跳。

3. 场地

① 跳水池面积为 25 米 ×25 米，池深为 5.4 米。

② 跳台：离水面 10 米高的坚硬无弹性的平台，最少长 6 米、宽 3 米。

③ 跳板：离水面 3 米高的有弹性的板，最少长 4.8 米、宽 0.5 米。

4. 装备

跳水是一项优美的水上运动，跳水的装备也是相当重要的，选择跳水服便是其中最关键的环节之一。跳水服必须为运动员的身体提供良好的保护效果，而且还应具备减少空中和入水阻力的功能，以便运动员在空中做出高难度动作和压水花。

5. 中国冠军及成绩

1984 年，洛杉矶奥运会，1 金——周继红，女子单人 10 米台。

1988 年，汉城奥运会，2 金——高敏，女子单人 3 米板；许艳梅，女子单人 10 米台。

1992 年，巴塞罗那奥运会，3 金——高敏，女子单人 3 米板；伏明霞，女子单人 10 米台；孙淑伟，男子单人 10 米台。

1996 年，亚特兰大奥运会，3 金——伏明霞，女子单人 3 米板；伏明霞，女子单人 10 米台；熊倪，男子单人 3 米板。

2000 年，悉尼奥运会，5 金——伏明霞，女子单人 3 米板；熊倪，男子单人 3 米板；田亮，男子单人 10 米台；熊倪 / 肖海亮，男子双人 3 米板；李娜 / 桑雪，女子双人 10 米台。

2004 年，雅典奥运会，6 金——郭晶晶，女子单人 3 米板；彭勃，男子单人 3 米板；胡佳，男子单人 10 米台；郭晶晶 / 吴敏霞，女子双人 3 米板；田亮 / 杨景辉，男子双人 10 米台；劳丽诗 / 李婷，女子双人 10 米台。

2008 年，北京奥运会，7 金——郭晶晶，女子单人 3 米板；何冲，男子单人 3 米板；陈若琳，女子单人 10 米台；郭晶晶 / 吴敏霞，女子双人 3 米板；秦凯 / 王峰，男子双人 3 米板；火亮 / 林跃，男子双人 10 米台；王鑫 / 陈若琳，女子双人 10 米台。

2012 年，伦敦奥运会，6 金——吴敏霞，女子单人 3 米板；陈若琳，女子单人 10 米台；陈若琳 / 汪皓，女子双人 10 米台；秦凯 / 罗玉通，男子双人 3 米板；吴敏霞 / 何姿，女子双人 3 米板；曹缘 / 张雁全，男子双人 10 米台。

2016 年，里约奥运会，7 金——曹缘，男子单人 3 米板；施廷懋，女子单人 3 米板；陈艾森，男子单人 10 米台；任茜，女子单人 10 米台；吴敏霞 / 施廷懋，女子双人 3 米板；陈艾森 / 林跃，男子双人 10 米台；陈若琳／刘蕙瑕，女子双人 10 米台。

2021 年，东京奥运会，7 金——王涵／施廷懋，女子双人 3 米板；陈芋汐／张家齐，女子双人 10 米台；谢思埸／王宗源，男子双人 3 米板；施廷懋，女子 3 米板；谢思埸，男子 3 米板；全红婵，女子 10 米台；曹缘，男子 10 米台。

（二）举重

1. 简要历史

举重运动始于 18 世纪英国伦敦的马戏团表演。到了 19 世纪初举重俱乐部在英国成立。举重成为一种现代体育运动。最早的举重杠铃杆两侧为金属球。1910 年，纽伦堡人卡斯珀·博格将金属球改为可拆卸的金属片，才成为今天广泛使用的杠铃。

2. 规则

（1）抓举：以一个连续动作把杠铃从举重台上举至两臂最终在头上完全伸直。

（2）挺举：以一个连续动作把杠铃从举重台上提至肩部，运动员先屈腿预蹲，接着用伸腿伸臂动作将杠铃举起至两臂向上完全伸直，两腿收回平行保持静止。

3. 场地

举重台长4米，宽4米，台高80～150毫米，台面四周须涂5厘米宽的彩色边线。

4. 装备

杠铃包括杠铃杆、卡箍、杠铃片。男子杠铃杆加卡箍重25公斤，女子杠铃杆加卡箍重20公斤。杠铃片重量以不同颜色区分：25公斤重的杠铃片为红色，20公斤重的为蓝色，15公斤重的为黄色，10公斤重的为绿色，5公斤重的为白色，2.5公斤重的为红色，2公斤重的为蓝色，1.5公斤重的为黄色，1公斤重的为绿色，0.5公斤重的为白色。

5. 中国冠军及成绩

在东京奥运会中，"夺金大户"中国举重队创造了历史！中国举重队共派出八位选手出战，参加八个小项。最终，侯志慧、李发彬、谌利军、石智勇、吕小军、汪周雨、李雯雯、廖秋云取得七金一银的成绩，刷新了中国举重队奥运最佳战绩。

中国举重奥运冠军还有曾国强、吴数德、陈伟强、姚景远、占旭刚、唐灵生、杨霞、陈晓敏、林伟宁、丁美媛、陈艳青、龙清泉等人。

（三）乒乓球

1. 简要历史

乒乓球起源于英国，最早被称为"桌上网球"。19世纪末，网球运动盛行于欧洲，英国的大学生在缺少场地和天气不好时便把这项运动移到室内，用羊皮纸球拍在餐桌上打来打去。后来人们逐步改造比赛用具，使用木板和空心的塑料球，这样就诞生了新式的项目——乒乓球运动。

2. 规则

比赛以11分为一局，采用五局三胜或七局四胜制。在一局比赛中，先得11分的一方为胜方，比分出现10平之后，先连续多得2分的一方为胜方。

发球时，球要放在不执球拍的手掌上，手掌张开并伸平，且发球员须用手把球几乎垂直地向上抛起，不得使球旋转，并使球上升不少于16厘米。

对方发球或还击后，本方运动员必须击球，使球直接越过或绕过球网装置后，再触及对方台区。

若有未能合法发球、未能合法还击、连续两次击球、阻挡等情况，应判失1分。

一场比赛应连续进行，但在局与局之间，任何一名运动员有权要求不超过两分钟的休息时间。

3. 场地

奥运会乒乓球比赛在体育馆内进行，比赛区域包括可容纳4张或8张球台的正式比赛场地，还应包括通道、电子显示器区域、运动员和教练员座席、竞赛官员区域等。

馆内地面为国际乒联批准的可移动塑胶地板。乒乓球馆内比赛区域的空气流速应控制在 0.2 ～ 0.3 米 / 秒之内，温度为 20 ～ 25℃，或低于室外温度5℃。

4. 装备

（1）球拍类型

① 正胶海绵拍：弹性好，击球稳且速度快，略带下沉感，适合近台快攻型的选手使用。

② 生胶海绵拍：击球有下沉，搓球旋转弱，适合近中台选手使用。

③ 反胶海绵拍：打球旋转力特强，适合弧圈球、削球打法的选手使用。

④ 长胶海绵拍：胶粒很软，颗粒细长，支撑力小，主要依靠来球的强旋转或冲力来增加回球的旋转度。

⑤ 防守型海绵拍：以削球为主，适合旋转型打法。

球拍上标明"进攻""全面""防守"等类型的分类标识，可供爱好者选择。

（2）球的规格

乒乓球的制造分为"有缝"和"无缝"两种工艺。从 2014 年 7 月 1 日开始，乒乓球国际比赛正式全面启用全新的高分子聚合物的塑料球，沿用了 120 多年的硝酸纤维素塑料球从此退出乒乓球国际比赛。

5. 中国乒乓球奥运冠军

1988 年，汉城奥运会——男子双打，陈龙灿 / 韦晴光；女子单打，陈静。

1992 年，巴塞罗那奥运会——女子双打，邓亚萍 / 乔红；男子双打，王涛 / 吕林；女子单打，邓亚萍。

1996 年，亚特兰大奥运会——女子双打，邓亚萍 / 乔红；男子双打，孔令辉 / 刘国梁；女子单打，邓亚萍；男子单打，刘国梁。

2000 年，悉尼奥运会——女子双打，王楠 / 李菊；男子双打，王励勤 / 阎森；女子单打，王楠；男子单打，孔令辉。

2004 年，雅典奥运会——女子双打，王楠 / 张怡宁；男子双打，马琳／陈玘；女子单打，张怡宁。

2008 年，北京奥运会——女子团体，张怡宁、王楠、郭跃；男子团体，马琳、王励勤、王皓；女子单打，张怡宁；男子单打，马琳。

2012 年，伦敦奥运会——女子团体，李晓霞、丁宁、郭跃；男子团体，张继科、王皓、马龙；女子单打，李晓霞；男子单打，张继科。

2016 年，里约奥运会——女子团体，丁宁、李晓霞、刘诗雯；男子团体，马龙、张继科、许昕；女子单打，丁宁；男子单打，马龙。

2021 年，东京奥运会——女子团体，陈梦、孙颖莎、王曼昱；男子团体，马龙、许昕、樊振东；女子单打，陈梦；男子单打，马龙。

（四）体操

1. 简要历史

古希腊人把体操作为身体训练的手段，古希腊哲学家柏拉图就曾在他的教育体系中把体操作为教学内容。古罗马人则利用木马等体操器械来训

练骑马技术。中世纪时，某些体操被用于军事训练和竞技之前的准备活动。文艺复兴时期，欧洲一些国家重视青少年身体的全面发展，加强学校体育，把希腊体操用于教育实践。16 世纪后半叶，意大利医生美尔库里亚利斯写了《体操术》一书，详细论述了各种形式的人体动作，并把体操划分为军事体操、医疗体操、竞技体操 3 种。

现代体操起源于 18 世纪至 19 世纪的欧洲，德国、瑞典、丹麦等诞生了体操学校，促进了体操的发展。1952 年芬兰赫尔辛基奥运会将体操列为正式比赛项目。

2. 规则

预赛中，运动员同时争夺团体和个人项目的资格。团队得分是各个项目得分的总和。至 2011 年，团体实行 6-5-4 赛制，即每队 6 人，每项上场 5 人，最高 4 个成绩计入总分。团体总分前 8 名进入团体决赛；男子 6 项 / 女子 4 项总分前 24 名进入个人全能决赛；各单项得分前 8 名进入单项决赛。东京奥运会上，在参加奥运会总人数（男女各 98 人）不变的前提下，团体人数减少，由 6-5-4 变成了 4-4-3；相应地增加了个人参赛的名额，即每队 4 人，每项上场 4 人，最高的 3 个成绩计入总分。

3. 项目

① 男子竞技体操包括自由体操、鞍马、吊环、跳马、双杠和单杠，共六个项目。

自由体操：场地长、宽均为 12 米，运动员在 50 ～ 70 秒中完成一套动作。

鞍马：高 1.05 米，环高 12 厘米，运动员用不同的支撑方式进行全旋和摆越动作。

吊环：环高 2.55 米，由摆动和力量静止动作组成。

跳马：高 1.35 米，先是助跑，再双腿并拢起跳完成跳跃腾空动作。

双杠：高 1.75 米，由摆动和飞行动作组成。

单杠：高 2.55 米，整套动作都是由摆动动作组成。

② 女子竞技体操包括跳马、高低杠、平衡木和自由体操，共四个项目。

跳马：马身长 160 ～ 163 厘米，马身宽 35 ～ 36 厘米。运动员在马上起跳转体落地。

高低杠：由一高一低两副杠组成，低杠高 130 ～ 160 厘米，高杠高 190 ～ 240 厘米。运动员在低杠和高杠之间转换、腾空。

平衡木：长 5 米，宽 0.1 米，高 1.2 米。运动员在平衡木上完成成套的动作和空中技巧。

自由体操：运动员完成体操跳步和技巧空翻动作。

4. 中国体操奥运冠军

1984 年，洛杉矶奥运会——男子自由体操、男子鞍马、男子吊环，李宁；男子跳马，楼云；女子高低杠，马燕红。

1988 年，汉城奥运会——男子跳马，楼云。

1992 年，巴塞罗那奥运会——女子高低杠，陆莉；男子自由体操，李小双。

1996 年，亚特兰大奥运会——男子个人全能，李小双。

2000 年，悉尼奥运会——男子团体；男子双杠，李小鹏；女子平衡木，刘璇。

2004 年，雅典奥运会——男子鞍马，滕海滨。

2008 年，北京奥运会——男子团体；女子团体；男子全能，杨威；男子自由体操，邹凯；男子鞍马，肖钦；男子吊环，陈一冰；男子双杠，李小鹏；男子单杠，邹凯；女子高低杠，何可欣。

2012 年，伦敦奥运会——男子团体；男子自由体操，邹凯；男子双杠，冯喆；女子平衡木，邓琳琳。

2021 年，东京奥运会——男子吊环，刘洋；男子双杠，邹敬园；女子平衡木，管晨辰。

（五）游泳

1. 简要历史

游泳的历史可追溯至远古时期，生活于江、河、湖、海周边的人们，有时为了生存，需要通过学习水中动物游泳的方式来掌握游泳的技能。

1869 年 1 月，大城市游泳俱乐部联合会于伦敦成立。随后，游泳作为一个专门的运动项目被正式固定下来。

1896 年，游泳被列为奥运会正式比赛项目，但比赛不分泳姿且只有 100 米、500 米、1200 米 3 个项目。

1912 年，第 5 届斯德哥尔摩奥运会，女子游泳被列为正式比赛项目。

1956 年，第 16 届墨尔本奥运会，游泳项目定型为 4 种泳姿。

2. 规则

在自由泳、蛙泳、蝶泳及个人混合泳的比赛中，运动员从出发台出发，仰泳则从水中出发。出发后，运动员需要在 50 米处折返（适用于 50 米以上的游泳比赛），转身时，运动员在自由泳和仰泳项目中可以用身体的任何部分触及池壁，但在个人混合泳中，运动员必须保持仰在水面的姿态完成从仰泳到蛙泳的转换。到达终点时，自由泳和仰泳项目允许运动员只用一只手触壁，但蛙泳和蝶泳项目要求运动员使用双手同时触壁。在赛制方面，奥运会比赛采用预赛、半决赛和决赛赛制，各项目按照预赛的成绩选出前 16 名参加半决赛，根据半决赛的成绩选出前 8 名进行决赛。

3. 场地

根据国际标准，游泳池长 50 米，宽至少 25 米，深至少 2 米，共有 8 条泳道，每条泳道宽 2.5 米。泳池内部及周围设置起跳台、分道线浮标、仰泳转身标志旗、出发犯规召回线等设备与标志。

4. 装备

泳衣是游泳中最为重要的装备之一，款式以背心连体式的单件装为主，整体风格简洁、明快，没有多余的装饰，其设计主要体现在面料和功能上。奥运参赛选手的泳衣面料通常为高弹的莱卡氨纶和聚酯化合物交织而成，比普通的泳装面料更加紧身、有弹力，再加上简洁的款式，可以减小游泳时的阻力，提高比赛的速度。

5. 中国冠军代表及成绩

① **孙杨**　世界泳坛历史上唯一一位男子 200 米、400 米、1500 米自由泳奥运会、世锦赛大满贯冠军得主，史上唯一一位男子 400 米自由泳世锦赛四连冠，唯一一位男子 800 米自由泳世锦赛三连冠，男子自由泳个人单项金牌数居世界第一。

② **叶诗文**　在中国游泳史上第一位在同一届奥运会摘得两枚金牌的选手，也是中国游泳队第一位集奥运会、世锦赛、短池世锦赛和亚运会金牌于一身的金满贯选手。

③ **张雨霏**　2021 年东京奥运会女子 200 米蝶泳、4×200 米自由泳金牌获得者，女子 100 米蝶泳、4×100 米混合泳接力银牌获得者。两金两银的成绩使她成为东京奥运会获得奖牌数最多的中国运动员，以及单届奥运赛场获得奖牌最多的中国游泳选手。

（六）田径

田径运动被誉为"运动之母"，主要分为田赛和径赛。它是指由走、

跑、跳跃、投掷等运动项目及由
上述部分项目组成的全能运动项
目的总称。

1. 简要历史

田径运动起源于人类的基本
生产活动，早在公元前 776 年，
古希腊奥林匹亚便举行正式的田
径项目比赛。

2. 规则

田径比赛项目众多，规则各
有不同，大体评判标准如下：径赛
即赛跑项目中运动员跑完全程所
用时间即为运动员成绩；田赛中
投掷类项目的远度即为成绩；跳
跃类项目以高度或远度为判断成
绩的标准。

3. 场地

标准半圆式田径场由两个平
行的直道和两个半径相等的弯道
组成，第一分道周长为 400 米。

4.装备

田径运动中各分项的器材装备各有不同，大都有各自项目的特点。如径赛的运动员一般都穿着专业的钉鞋，同时配有起跑器；在各项目比赛中还会有如接力棒、铅球、跨栏等道具的出现。依据项目的不同，钉鞋也会有

较大区别，如跳跃类的钉鞋就与竞速类的不同，甚至长短跑项目间的钉鞋钉子大小、个数也不尽相同。

5.中国冠军代表及成绩：

① **巩立姣**　中国铅球名将，获得过2008年奥运会铜牌、2012年奥运会银牌、2017年世锦赛金牌、东京奥运会金牌等荣誉。

② **王军霞**　号称"东方神鹿"，1996年奥运会5000米金牌获得者，中国首位长跑奥运金牌获得者。2012年，她入选田径名人堂，也是全亚洲首位入选的运动员。

③ **苏炳添**　外号"苏神"，60米和100米亚洲纪录保持者，首位进入百米决赛的中国选手。东京奥运会创造历史，在半决赛跑出9秒83的个人最好成绩，也创造了新的亚洲纪录。

④ **刘翔**　2004年雅典奥运会，刘翔以12秒91打破奥运会纪录，成

为中国奥运历史上第一位男性田径金牌获得者。他是集奥运会、世锦赛、国际田联大奖赛世界纪录保持者多项荣誉于一身的运动员。

（七）射击

射击是用枪支对准目标打靶的项目，它设有男女个人和团体比赛项目。

1. 简要历史

射击运动起源于狩猎和军事。15世纪，瑞士就曾举办火绳枪射击比赛。19世纪初期射击运动在欧洲国家逐渐盛行，这些都是现代射击比赛的雏形。它正式成为奥运项目是在1896年雅典奥运会上，比赛设5个项目。随后，首届世界射击锦标赛在1897年举行。

2. 规则

射击比赛项目主要分为步枪项目、手枪项目和飞碟项目。比赛的规则依不同器械而有所不同。步枪项目中根据具体的小项目类别，射手可以采用卧姿、立姿或跪姿进行射击；手枪项目中射手采用立姿单臂持枪，无依托进行射击；在飞碟多向、双向、双多向项目中，射手都采用立姿，对进入射手视线的规定碟靶进行射击。总体而言，射击项目的成绩评判大都依靠运动员射击的准度：步枪项目和手枪项目根据所射中的环数，飞碟项目则根据射中的碟靶数。

3. 场地

射击比赛的场地较为简单，主要由射击位和靶位构成，根据射击位和靶位的距离进行不同项目的比拼，主要有 10 米、25 米、50 米三种。

4. 装备

枪支：飞碟射击可使用 12 号口径（18.5 毫米）的双管猎枪；步枪比赛中使用的枪支必须是符合国际标准的小口径步枪，可使用金属瞄准器；手枪比赛中枪管口径一般为 0.22 英寸（约合 5.588 毫米）。

子弹：10 米项目的手枪和步枪子弹口径为 4.5 毫米；25 米和 50 米项目子弹口径为 5.6 毫米；飞碟项目使用 12 号口径的子弹，弹丸装填量不超过 24 克。

5. 中国冠军代表及成绩

① **许海峰**　提到中国射击，就不得不提许海峰。1984 年第 23 届洛杉矶奥运会上，许海峰在男子手枪 60 发慢射决赛中以 566 环的成绩获得冠军，为中国夺得首枚奥运会金牌，打破了中国奥运史上金牌零的纪录。许海峰于 1994 年年底退役，之后曾任中国射击队总教练。

② **王义夫**　王义夫是许海峰同时期的队友。从 1984 年开始到 2004 年，王义夫连续 6 次参加奥运会，是中国射击领域的常青藤。1992 年，在巴塞罗那奥运会上，王义夫在男子 10 米气手枪夺得人生中的第一枚奥运金牌。2004 年，在雅典奥运会上，王义夫再次获得男子 10 米气手枪冠军。

（八）羽毛球

羽毛球运动是隔着球网，使用球拍击打用羽毛和软木特制的小型球类的体育项目。

1. 简要历史

关于羽毛球运动的起源众说纷纭。1875年，现代羽毛球运动正式出现。1893年，英国的羽毛球俱乐部发展起来，第一个羽毛球协会成立，制定了场地的标准和规则。1939年，国际羽毛球联合会（IBF）颁布了第一部《羽毛球规则》。2006年，国际羽毛球联合会的正式名称更改为羽毛球世界联合会（BWF），即世界羽联。

2. 规则

每场比赛采取三局两胜制。比赛开始前，双方选手通过投掷硬币的方式确定由哪一方来选择先发球或后发球。双方运用各种发球、击球和移动等战术，将球在网上往返对击，以不使球落在本方有效区域内，或使对方击球失误为得分。率先得到 21 分的一方赢得当局比赛。如果双方比分打成 20 ： 20，一方需超过对手 2 分才算取胜。

3. 场地

羽毛球场为一块长方形场地，长 13.4 米，宽 6.1 米。在场地中间设有球网。

4. 装备

装备主要包括羽毛球、球拍、球衣、球鞋。球衣一般为定制运动服，球鞋为专业防滑羽毛球鞋。

羽毛球有 16 根羽毛固定在球托部，羽毛长 64 ～ 70 毫米，但每一个球的羽毛从托面到羽毛尖的长度应一致。羽毛顶端围成圆形，直径为 58 ～ 68 毫米，球托直径为 25 ～ 28 毫米，底部为圆形，球重 4.6 ～ 5.5 克。

5. 中国冠军代表及成绩

① **林丹** 作为中国乃至世界羽毛球界最成功的运动员之一，他是羽毛球史上第一位集奥运会、世锦赛、世界杯、苏迪曼杯、汤姆斯杯、亚运会、亚锦赛、全英赛、全运会及多座世界羽联超级系列赛冠军于一身的双圈全满贯选手，被誉为中国羽毛球"一哥""超级丹"，是 21 世纪初期世界羽毛球"四大天王"之一。

② **谌龙** 他被认为是林丹后的中国男单"一哥"。2006 年进入国家队，

2012年首次参加奥运会并获得羽毛球男单季军。2014年9月，获得个人第一个世界冠军——世界羽毛球锦标赛男单冠军。同年，首次登上羽毛球世界排名第一的位置。2016年8月20日，里约奥运会羽毛球男单决赛，谌龙以2：0战胜李宗伟，首次获得奥运冠军。2021年获得东京奥运会羽毛球男单银牌。

（九）排球

1. 简要历史

1895年，威廉姆·G·摩根在美国马萨诸塞州霍利奥克市发明了最早的排球。1905年，排球传入古巴、巴西、中国等国家，成为世界流行的时尚运动。1949年，首届世界男子排球锦标赛在捷克斯洛伐克的布拉格举办。

2. 规则

正式比赛采用 5 局 3 胜制。前 4 局比赛采用 25 分制，只有赢得至少 25 分，并同时超过对方 2 分时，才算胜 1 局。决胜局的比赛采用 15 分制，在决胜局先获得 15 分并领先对方 2 分为胜。在双方没有犯规的情况下，发球得分的情况有：把球打到对方场地的地面上，不管是否碰到对方的身体都可以得 1 分；把球打在对方的身上然后弹飞，也可以得 1 分。犯规的情况有：在发球犯规或接发球时没有站对位置或转位置时没有转对；发球队员在第一裁判鸣哨 8 秒内未将球击出；球未被抛起或未使持球手完全撤离就击球；双手击球或单手将球抛出、推出；球抛起准备发球，却未击球；后排球员踩 3 米线或越线扣球；扣球出界；触网；接球时连击或持球。对方犯规时均判我方得 1 分。

3. 场地

排球比赛场地为 18 米 ×9 米的长方形，中间横画一条线，中线上空架有球网。网宽 1 米，长 9.5 米，女子网高 2.24 米，男子网高 2.43 米。

排球的圆周为 65 ～ 67 厘米，重量为 260 ～ 280 克。

4. 装备

队员的服装包括上衣、短裤和运动鞋。上衣、短裤和袜子必须统一、整洁且颜色一致。此外，运动员可根据自身情况佩戴符合规定的护具。

5. 中国冠军代表及成绩

① **朱婷** 现任中国女排队长。2013 年正式入选中国国家女子排球队。2015 年女排世界杯，朱婷首次获得三大赛 MVP（最有价值球员）称号。

2016年荣获里约奥运会女排MVP与最佳主攻称号。2016～2018年，朱婷连续三年蝉联世界年度最佳女排运动员奖项。

②**郎平** 前中国女子排球运动员，奥运冠军，曾任中国女排总教练、中国排球学院院长、中国排球协会副主席，是中国排球界的名将及名教。1981年，随中国女排夺得第3届世界杯冠军，获"优秀运动员奖"。1982年，随中国队获得第9届世界女排锦标赛冠军，并荣膺世界女子排球锦标赛MVP称号。1984年，随中国队获得洛杉矶奥运会女排金牌，协助中国女排实现"三连冠"。2002年10月，郎平入选排球名人堂，成为亚洲获此殊荣的第一人。

（十）篮球

篮球运动是以手为中心的身体对抗性体育项目。

1. 简要历史

1891 年 12 月 21 日，美国马萨诸塞州体育教师詹姆斯·奈史密斯发明了篮球。1896 年，篮球运动传入中国。1936 年，篮球运动在柏林奥运会中被列为正式比赛项目。1992 年，从巴塞罗那奥运会开始，职业选手可以参加奥运会篮球比赛。

2. 规则

比赛由 4 节组成，每节 10 分钟，在第一节和第二节之间、第三节和第四节之间以及每一加时赛之前，有 2 分钟的休息时间。半场休息的时间为 15 分钟。如果在第四节比赛时间结束时比分相等，为打破平局，需要进行加时赛。篮球比赛中，违反规则而未构成犯规的行为统称违例。宣判违例后球成死球。除干扰球和罚球时的违例外，都判违例队失去球，由对方球员在违例地点最近的边线外掷界外球。违例包括走步、二次运球、脚踢球、24 秒等。篮球比赛中的犯规包含与对方队员的身体接触和违反体育道德的举止，如侵人犯规、技术犯规等。

3. 场地

标准篮球场为 28 米 ×15 米的长方形。篮球架的篮板横宽 1.80 米，竖高 1.05 米，下沿距离地面 2.9 米。

4. 装备

篮球装备主要包括篮球、球衣、球裤及球鞋，还有根据运动员需要配备的护具。篮球按照型号分为 7 号、6 号、5 号、4 号和 3 号。7 号篮球，为男子比赛标准用球，重 600 ～ 650 克，圆周大小为 75 ～ 76 厘米，直径为 24.6 厘米。6 号篮球，为女子比赛标准用球，重 510 ～ 550 克，圆周大小为 70 ～ 71 厘米，直径为 22.6 厘米。

（十一）皮划艇

皮划艇分皮艇和划艇两个项目。

1. 简要历史

皮划艇由格陵兰岛上的爱斯基摩人发明，他们用动物皮包在骨制架子上制作小船。

1924 年 1 月，在丹麦首都哥本哈根成立了"国际皮划艇协会"。

1936 年，在柏林举行的第 11 届奥运会上，皮划艇被列为奥运会正式比赛项目。

2. 规则

皮划艇分静水比赛和激流回旋比赛。

（1）静水比赛

① 出发规定：通过抽签决定参赛道次。取齐员负责协调各艇起点，使船头处于起航线上。发令员发令时喊"10 秒内将出发"，之后在 10 秒内的适当时机发令，信号为口令"GO"或鸣发令枪。

② 比赛途中规定：在 1000 米以内的比赛中，参赛运动员必须在从起点至终点的本航道内划行，应尽可能地在中心线划行。若在比赛过程中翻船，允许不依靠他人帮助重新上船继续比赛。

③ 通过终点规定：艇首到达终点线的时间为到达时间，艇中的运动员必须全部通过本航道的终点线才算有效。

（2）激流回旋比赛

① 出发规定：运动员采取静止出发的方式，由一名扶船员帮助出发。

② 通过水门、罚分与漏门等规定：必须按照水门号码顺序和正确方向通过各个水门。如艇、桨或运动员身体在通过水门时触及门杆，视为碰杆，罚 2 分；如运动员没有通过指定水门或方向错误，视为漏门，罚 50 分。

③ 计算成绩：两轮比赛时间（以秒为单位）+ 罚分 = 成绩。

3. 中国冠军代表及成绩

该项目代表人物有孟关良、杨文军。两人于 2004 年雅典奥运会夺得男子双人划艇 500 米金牌，实现该项目中国金牌零的突破，2008 年北京奥运会又成功卫冕。

（十二）击剑

击剑是剑类运动，运动员手持弹性钢剑，头戴面罩，按规定时间内刺（劈）中的剑数决定胜负。

1. 发展历程

击剑的历史可追溯到上古时期，古埃及、中国、希腊、罗马等国都曾流行击剑运动。

1776年，法国剑师拉布瓦西埃发明面罩，这是击剑运动的里程碑事件。

1896年，雅典第1届奥运会上开设男子花剑、佩剑比赛。

1913年，国际击剑联合会在法国巴黎成立。

1914年6月，《击剑竞赛规则》获得通过。

中国现代击剑运动开始于20世纪50年代。1955年，苏联专家赫鲁晓娃在北京体育学院（现北京体育大学）开设击剑专修课，把击剑运动引入中国。

2. 场地要求和计分原理

场地为长14米、宽1.5～2.5米、高10～50厘米的金属道。金属道的两端各有一个拖线盘，与运动员身上的电线接通，而运动员身上的这根线与剑接通，形成一条环形电路。每当一方以足够的压力刺中另一方时，电路接通，裁判器就以信号通知裁判员。

3. 装备

① 击剑服：击剑服为白色三件套，即上衣、裤子、防护背心，均由防弹材料制成。

② 花剑：总长110厘米，剑身长90厘米，重量不超过500克，剑身横断面为矩形，护手盘小。

③ 重剑：总长110厘米，剑身长90厘米，重770克，剑身横断面为三棱形，护手盘大。

④ 佩剑：总长105厘米，剑身长88厘米，重500克，剑身横断面为梯形，护手盘为月牙盘。剑尖为圆形，没有弹簧头。

⑤ 面罩：金属网制成，保护运动员的面部不受伤害。面罩由直径至少1毫米的金属丝编成，其网眼最大直径为2.1毫米。

4. 比赛规则

（1）赛制

击剑比赛分为个人赛和团体赛。个人赛采用小组循环制和直接淘汰制，团体赛直接采用单败淘汰赛制。团体赛共计 45 剑，分为 9 个小节比赛，每一小节 5 剑（3 分钟），运动员比赛时累计加分先到 45 剑的队伍获胜。如时间到剑数没满 45 剑但一方多一方少，则比分多的队伍获胜。如时间到剑数打平的话则由最后一场的运动员进行 1 分钟加时决一剑的方式完成比赛。

（2）得分

① 重剑是完全刺击武器，剑身横击无效。击中有效的部位包括全身，即：躯干、腿脚、手臂以及头盔，每次击中都有效。

② 花剑是完全刺击武器。只有剑尖刺中才有效。击中有效的部位是躯干，由金属衣裹覆。

③ 佩剑是既劈又刺的武器，击中有效的部位包括上身、头盔及手臂。

二、冬季奥运会及其参赛项目

趣味小问答

冬奥会 2022 年首次来到了中国。你知道是哪里举办的 2022 冬奥会吗？

答案：第 24 届冬奥会在 2022 年于中国北京、张家口举办。

（一）冰雪运动概况

1. 冰雪运动的起源

冰雪运动有悠久的历史。世界上最古老的滑雪地区就在中国的新疆阿勒泰，我国古籍《山海经》里有对钉灵人的记录："其民从膝已（以）下有毛，马蹄，善走。"这些游牧民族人头人身，膝盖以下却是马腿马蹄，果真是半兽人吗？这当然只是对古钉灵人绑着兽骨兽皮滑雪板的形象描述。另外，我国清代还有对军事操练的滑冰转化为冰嬉的记录。

清代乾隆年间宫廷画家张为邦、姚文翰所绘的《冰嬉图》

古代生活在寒冷地带的人们，在冬季冰封的江河湖泊中，常以滑冰作为交通运输的手段。此后，随着社会的进步，才逐步发展为滑冰游戏，直到现代才在荷兰出现了速度滑冰这一运动。而滑雪则历经了狩猎滑雪、出行滑雪、军事滑雪的漫长发展过程，最终在斯堪的纳维亚半岛上出现了现代的北欧滑雪比赛。

2. 冬奥会的历史

作为现代体育的冰雪运动大多起源于北欧。1908 年第 4 届伦敦奥运会和 1920 年第 7 届安特卫普奥运会增加了花样滑冰和冰球两项赛事，受到热烈追捧。

1924 年，法国夏蒙尼举办了第 1 届冬奥会。直到 1992 年，冬奥会与夏奥会都是同年举办，从 1994 年挪威利勒哈默尔冬奥会开始，冬奥会与夏奥会相隔两年举办。

1924 年法国夏蒙尼，第 1 届冬奥会的入场、宣誓历史记录

（二）冰雪运动分类

冰雪运动按照场地的不同，可以分为冰上运动和雪上运动。冰上运动主要是指滑冰、冰球和冰壶。雪上运动以滑雪为主，还有在赛道上进行的滑行类项目，以及滑雪结合射击的冬季两项。这些冰雪项目中，适合小朋友参与的是滑冰和滑雪。

1. 冰上运动比赛项目

冰上运动包括：速度滑冰、短道速滑、花样滑冰、冰球、冰壶。

速度滑冰又叫作"大道滑冰"，是最原始的较量速度的滑冰竞技方式。短道速滑，顾名思义，就是在距离更短的赛道上进行的滑冰比赛。而花样滑冰则是在冰面上通过做出旋转、跳跃、托举等艺术表现动作进行较量的运动。冰球比赛双方各有六名选手，将冰球打入对方球门即可得分。冰壶还有另一个名字，叫作"冰上的国际象棋"，因为除了投壶、刷冰、击打之外，还要考验运动员的智力和战术。

2. 雪上运动比赛项目

雪上运动包括越野滑雪、跳台滑雪、高山滑雪、自由式滑雪和单板滑雪等。

越野滑雪相当于赛跑比赛中的长跑，又叫作"雪上马拉松"。跳台滑雪起源于北欧，是从高度在 90 米以上的跳台一跃而下，根据飞行距离和动作打分的比赛。高山滑雪诞生于欧洲阿尔卑斯山周边国家，包括速度和技巧的比拼。自由式滑雪和单板滑雪则是运动员穿着不同的滑雪板在雪上展示各类技巧动作的项目。

其他的滑行类项目还包括雪车、雪橇等，这些项目的场地也都是建在温度低的雪山之上，只不过它们的赛道是冰制成的。

（三）速度滑冰、短道速滑

1. 概况与历史

速度滑冰是一项在 400 米赛道上较量滑行速度的冰上体育运动。该项目使用冰刀滑行，最早出现在荷兰。当冬季河水结冰，踩上冰刀出行就成了最方便的交通方式，后来发展为一种体育项目。第一次国际滑冰比赛在荷兰举行，目前荷兰人在这个项目仍具有巨大优势。

　　短道速滑是在周长为 111.12 米的赛道上进行的滑冰比赛，由于比速度滑冰的 400 米赛道短，因此被称为短道速滑。短道速滑起源于加拿大和美国，起初在冰球场地进行。1988 年，加拿大卡尔加里冬奥会将其列为表演项目。1992 年法国阿尔贝维尔冬奥会正式将其定为比赛项目。

速度滑冰

短道速滑

2. 场地

以前，滑冰只有等到寒冷的冬天河面或湖面结冰，或者建设临时的人造冰场才能进行。现在，滑冰运动可以在四季进行，很多冰雪运动场馆和大型购物中心都设有全年营业的冰场。

速度滑冰的大道和田径赛场一样，一圈是 400 米，只有两条赛道，运动员比赛过程中需要交替换道，这样才能保证距离相同和比赛的公平性。速度滑冰比赛从 500 米到 10000 米距离不等，终点位置除 1000 米均相同，而起点除了 3000 米和 5000 米各不相同（图 2-1）。

短道速滑场地，一圈是 111.12 米，各项比赛终点相同，1000 米、3000 米、5000 米比赛起点相同，500 米和 1500 米起点相同（图 2-2）。

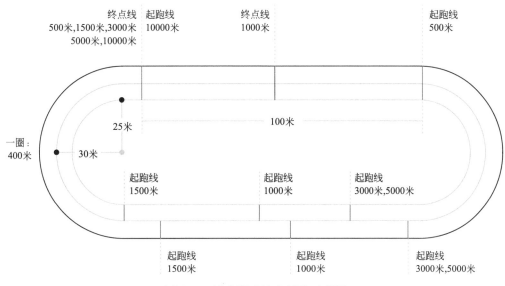

图 2-1　速度滑冰比赛场地示意图

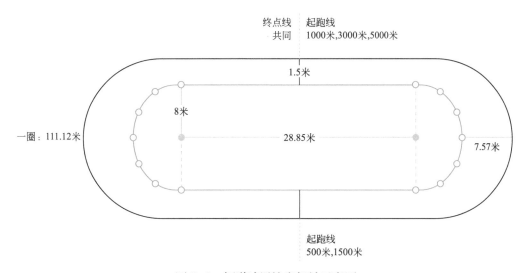

图 2-2　短道速滑比赛场地示意图

3.装备

（1）服装

短道速滑运动员需要身穿防切割服（连体运动服，由防弹材料制成，不锈钢刀无法割破）；要佩戴安全头盔和耐切割手套以及防割、防扎耐用材料的护腿、护膝、护颈。而速度滑冰运动员不需要身体接触，就不需要各类护具，只需要身着特制的紧身连体服。这种连体服既保暖又轻便，最重要的是可以减小空气的阻力。

（2）冰鞋

短道速滑冰鞋的鞋帮较高，支撑性较好，但是灵活性稍差。为了保证弯道高速滑行，且因为弯道滑行时需要更大的倾倒角度，所以短道速滑冰鞋对踝关节支撑效果要求很高（图2-3）。

图2-3 短道速滑冰鞋

速度滑冰的冰鞋只有一个固定点，俗称"趿拉板"。速度滑冰的主要特点是速度快，所以速滑冰刀刀体很长，刀刃弧度小、窄且平，刀刃和冰面接触面积大而摩擦阻力小，转弯半径大，适于大跑道长距离滑行（图2-4）。

图2-4 速度滑冰冰鞋

速度滑冰与短道速滑装备对比可见图2-5。

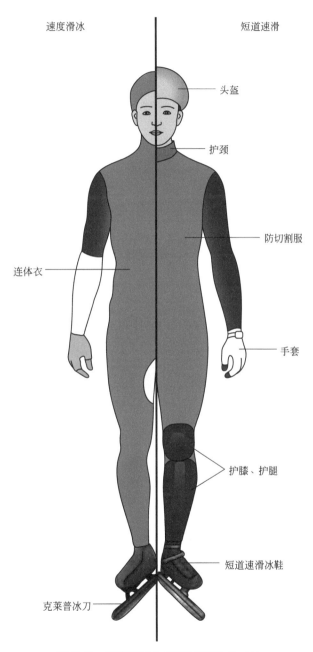

速度滑冰　　　　　　　　　　短道速滑

头盔

护颈

防切割服

连体衣

手套

护膝、护腿

短道速滑冰鞋

克莱普冰刀

图 2-5　速度滑冰与短道速滑装备对比

4.比赛规则

速度滑冰比赛中，选手两人分为一组，道次安排和出发顺序由抽签随机决定，同组的两位选手在发令枪响后，绕着冰道逆时针滑行。每组选手允许一次抢跑，如果运动员第二次抢跑犯规将被取消比赛资格。每圈过后，两位选手在交换区交换内外道位置，这样是为了保证两人滑行总距离相同。外道选手优先换道。

短道速滑比赛中，四或六名运动员在一条起跑线上同时起跑出发，预赛站位通过抽签决定，之后的比赛按照上一轮比赛的成绩确定站位，成绩好的站内道。比赛途中，在不违反规则的前提下，运动员可以随时超越对手。

速度滑冰，除了集体出发项目之外，大多都是两人同场竞技

短道速滑是四或六名运动员在一条起跑线上同时起跑出发

5.动作要领

无论是滑冰还是滑雪，都要学会两个要领：站立和滑行。

滑冰基本姿势：两脚两腿并拢，两手在背后互握成蹲屈姿势。小腿尽力前弓，头微抬起，每次下蹲要静蹲 2～3 秒再站起，站起后要挺胸，如此反复。

蹬冰收腿练习：在蹲屈姿势的基础上，做左右脚轮流侧出和收腿，侧出腿向后收到后位，大腿与小腿、小腿与脚各成 90 度，接着收回后位腿，换另一条腿重复上述动作。

6. 中国冠军代表及成绩

（1）速度滑冰

中国代表团的首枚冬奥会奖牌来自于速度滑冰项目。2014年索契冬奥会，张虹获得速度滑冰1000米金牌。虽然中国在1992年冬奥会就获得了第一枚速度滑冰奖牌，但直到2014年才获得金牌。

2022年北京冬奥会中国代表团在速度滑冰项目上又有突破，在速度滑冰男子500米决赛中，曾在2018年平昌冬奥会男子500米比赛中获得铜牌的高亭宇凭借着全场最快的起步速度和最终成绩，以34秒32创奥运纪录的成绩拿下一枚金牌，这也是冬奥历史上中国男子运动员首次站上速度滑冰最高领奖台。

（2）短道速滑

中国代表团的首枚冬奥会金牌来自于短道速滑项目，2002年盐湖城冬奥会，杨扬获得了短道速滑500米、1000米金牌，实现冬奥会金牌零的突破。2010年温哥华冬奥会上，周洋获得1500米金牌，王濛接连获得500米、1000米和接力三枚金牌，再加上她在都灵冬奥会上获得的500米金牌，王濛成为中国获得冬奥会金牌最多的选手。2014年索契冬奥会，周洋卫冕1500米冠军，李坚柔获得500米金牌。2018年平昌冬奥会，武大靖获得了500米金牌，他也由此成为中国短道速滑男子奥运金牌第一人。

2022年北京冬奥会上，中国代表团在短道速滑项目上共取得2金1银1铜，共4枚奖牌。在本届冬奥会短道速滑项目的第一个比赛日，由曲春雨、范可新、武大靖、任子威组成的中国队，以 2 分 37 秒 348 的成绩获得短道速滑混合团体接力金牌，这也是本届冬奥会中国代表团首金。男子 1000 米比赛中，武大靖、任子威、李文龙全部晋级决赛，在第二轮重赛的情况下，任子威虽然体力明显透支但仍没有放弃拼搏，最终拿到金牌，李文龙获得银牌。女子 3000 米接力是中国女子短道速滑队的优势项目，温哥华冬奥会上中国队曾在该项摘金。北京冬奥会上，中国队最终以 4 分 03 秒 863 的成绩在该项目拼得一枚铜牌。

（四）花样滑冰

1. 概况及历史

花样滑冰是一项穿着冰鞋随音乐在冰上起舞的运动，以技术的准确性和美学进行竞技。

花样滑冰诞生于英国，在 16 世纪文艺复兴运动的影响下，滑冰作为户外运动在荷兰兴起。17 世纪，爱好者开始追求美的姿势，滑行时举起一只腿，摆动双臂，由此产生了内、外刃滑法。1683 年，滑冰在英国上层社会迅速兴起。1742 年，第一个滑冰俱乐部在英国爱丁堡建立。经过 19 世纪 70 年代以来花滑赛事的盛行，花样滑冰于 1924 年成为第 1 届冬奥会设置项目之一。

2. 场地及装备

花样滑冰当然要在冰场内进行，场地长 56 ～ 60 米，宽 26 ～ 30 米（图 2-6）。

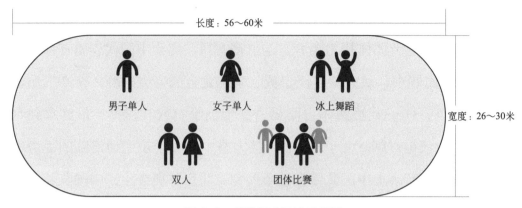

图 2-6　花样滑冰场地示意图

花样滑冰运动多以跳跃、旋转步伐为主，其冰鞋的冰刀与其他冰刀的不同之处在于前刀齿，以保证冰刀前倾 10 度时刀齿可以接触冰面。

20 世纪初，花样滑冰还是一个冬季室外冰上项目，因此服装为抵御寒冷的天气，比较笨拙：女选手穿紧身带扣的上衣，长裙直达脚面；男选手则头戴高筒式礼帽，身穿燕尾服和西装裤。从黑色的溜冰鞋和长裙到精致的亮片滑冰服，花滑服装经历了巨大的变化。

花样滑冰历史悠久，早期冬奥会的比赛服装较为厚重

花滑服装从笨拙变得轻盈而华丽

3. 比赛及规则

奥运会有男女个人参加的花样滑冰单人滑、男女一组进行比赛的冰上舞蹈和双人滑，以及团体比赛等共 5 个小项。

花样滑冰比赛得分由技术分和节目内容分组成，技术分由基础分和完成分及内容分构成。一般来说，技术分看难度和完成效果，9名裁判去掉最高分和最低分后的平均分再加基础分为技术分最后得分。内容分看滑行技术和艺术表演效果。每个阶段得分相加为最后得分。团体比赛得分是将男女单人滑、双人滑、冰上舞蹈等4个小项的分数进行合计。

4. 技术动作

阿克塞尔跳（图2-7）是花样滑冰里最常见的技术动作，就是向前起跳、向后落冰，是唯一向前起跳的花样滑冰跳跃动作。由于起跳与落冰方向不同，阿克塞尔跳的空中转体比其他种类的跳跃多出半周，有"一周半

图2-7　阿克塞尔跳示意图

跳""两周半跳""三周半跳"乃至"四周半跳"等类别。

另外，双人滑中常见的就是托举动作，即男选手在滑行中将女选手举起。可是，冰上舞蹈略有不同，冰舞托举的高度不能过肩。

5. 中国冠军代表及成绩

曾在 2002 年盐湖城冬奥会、2006年都灵冬奥会花样滑冰双人滑比赛中两次摘铜的申雪、赵宏博在 2010 年温哥华冬奥会上终于站上冬奥会最高领奖台，这也是中国队在花样滑冰赛场上获得的首枚奥运会金牌。

托举

在北京冬奥会上，隋文静、韩聪获得花样滑冰双人滑比赛金牌。在短节目比拼中，"葱桶"组合最后登场，在音乐《碟中谍》的节奏中翩翩起舞，拿下创造世界纪录的 84.41 分，强势晋级自由滑决赛。决赛中，隋文静、韩聪先是高质量地完成了当今世界难度最高的捻转托举四周，接着干净拿下单跳外点三周，虽然在单人三周跳上隋文静出现了小的失误，但之后连续两个抛跳三周和托举都非常成功。最终，他们获得冠军。随着这枚金牌入袋，隋文静、韩聪也集齐了四大洲、总决赛、世锦赛和奥运会的全部冠军，成就"大满贯"。

（五）冰球

1. 概况及历史

冰球亦称"冰上曲棍球"，因为冰球运动是滑行技艺和曲棍球技术结合、对抗性很强的集体项目。运动员穿着冰鞋，手拿冰杆滑行拼抢击球。比赛时，每队上场六人，包括前锋三人、后卫两人、守门员一人。运动员用冰杆将球击入对方球门，哪一方进得多哪一方就赢得比赛。

冰球运动起源于 19 世纪 50 ～ 60 年代间的加拿大，并形成最初的比赛，成为北美最受欢迎的体育项目之一。

2. 场地及装备

冰球比赛是在封闭冰面上进行的。这里根据比赛规则的要求会画出线区分守区、中区、攻区。冰球场长 56 ～ 61 米，宽 26 ～ 30 米，各个板块

冰球是团体协作的项目，芬兰冰球队在 2022 年北京冬奥会夺得男子冰球冠军

冰球比赛是身体对抗最直接的冬季项目，运动员经常
被撞得人仰马翻，这正体现了竞争的体育精神

由区线划分（图 2-8）。为了选手和观众的安全，冰球场边设有保护玻璃，在两边的端区设有保护网。

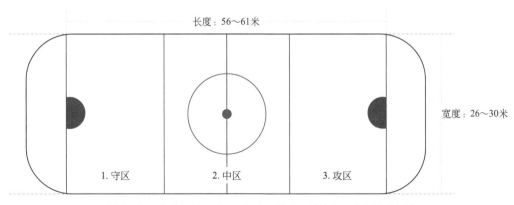

图 2-8 冰球场地示意图（我方的守区等同于对方的攻区）

球一般用硬橡胶制成，厚 2.54 厘米，直径 7.62 厘米，球重为 156 ～ 170 克。

冰球运动员的穿戴式装备包括冰球鞋、冰球刀、护具、冰球杆（图 2-9）。

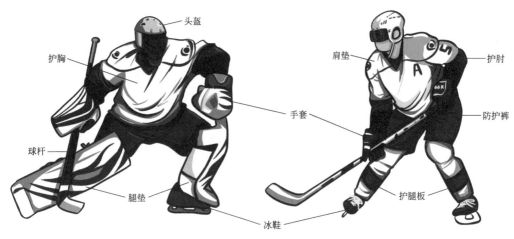

图 2-9　冰球运动员的装备

3. 比赛及规则

冰球像足球一样也存在越位。在球没有进入攻区之前，攻队队员不能先进入攻区，否则就是越位。此时，裁判员要鸣笛停止比赛，把球拿回到中区争球点重新争球继续比赛。

合理冲撞：比赛中，运动员可以用肩、胸、臀冲撞对方控球队员，但不得滑行三步以上或跳起来冲撞，也不得从背后或距离界墙 3 米以内向界墙方向猛烈冲撞，否则就是非法冲撞。

凡是非法冲撞者，裁判员将视情节对其进行 2 分钟小罚或者 5 分钟大罚及附加 10 分钟违例，严重者将被判罚为严重违例或者取消比赛资格。

4. 中国冰球成绩

相比世界强队，中国冰球起步较晚，整体水平和技术还比较落后。在北京冬奥会之前，中国男子冰球队从未登上过冬奥赛场，女子冰球队实力稍强，曾在 1998 年长野冬奥会获得第四名，2002 年盐湖城冬奥会和 2010 年温哥华冬奥会均获得第 7 名，北京冬奥会是中国女子冰球队时隔 12 年重返冬奥赛场。北京冬奥会上，虽然中国男冰和中国女冰都止步小组赛，但取得的进步和表现出的顽强拼搏精神，给人们留下了深刻印象。

（六）冰壶

1. 概况与历史

冰壶是由 2 人或 4 人组成一队进行的比赛，每队轮流掷壶。掷壶时，两名以上的选手随着冰壶一起移动，使用冰壶刷调整冰壶的前进路线及速度。

该项目在 1998 年日本长野冬奥会上成为正式的奥运比赛项目。2018 年平昌冬奥会上，进行了男子、女子、男女混合双人冰壶共 3 个小项的比赛。

关于冰壶的发源地之争，早在 100 多年前就开始了。一种观点认为，冰壶运动起源于欧洲大陆，而另一种观点认为冰壶运动起源于苏格兰（图 2-10、图 2-11）。

图 2-10　16 世纪的彼得·勃鲁盖尔的画作中呈现了冰壶运动

图 2-11　目前发现的世界上最早的冰壶

2. 场地及装备

冰壶赛场的冰道规格为 45.72 米 ×5.00 米（图 2-12），两个圆垒（圆心线周围最外圈圆形内的区域）中心之间的距离为 34.747 米，圆垒直径为

3.658 米。主要装备是冰壶和冰壶刷。

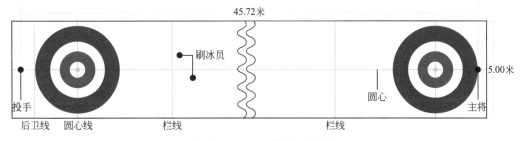

图 2-12 冰壶场地示意图

冰壶由不含云母的苏格兰天然花岗岩制成，且世界上所有的制造优质冰壶用的天然花岗岩均产自苏格兰近海的一个小岛，也只有苏格兰人掌握着制作世界顶尖水平冰壶的技术。冰壶与冰面接触的面为一个凸起的环形部分，这一部分并不像冰壶其他部分一样抛光，而是相对粗糙。这就使冰壶在滑行过程中，能够碾碎小冰粒并完成一定的弧线轨迹。

3. 比赛规则

每场比赛共分为 10 局，加上每队各有 38 分钟的思考时间，一场比赛共需要大约 3 小时。

每队由 5 名选手组成（1 名为替补选手），一般按照一垒队员、二垒队员、三垒队员以及主力队员的顺序投掷。

每队轮流投掷 8 个冰壶（每名选手在每局可投掷 2 次，1 次投掷 1 个冰壶），共投 16 次冰壶后，可决定这一局的分数并结束这一局比赛。

4. 项目特点

后手投壶的队往往有更大的优势，如图 2-13 所示，只有最接近圆心点的一方冰壶计分，己方比对方的壶更接近圆心点的冰壶有几只就记几分，所以冰壶只有"几比零"的比分。

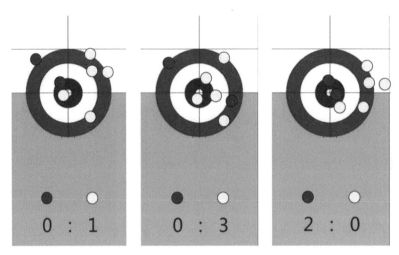

图 2-13　冰壶比分示意图

冰壶是冰上运动中安全性最高的项目，没有高速滑行，比的是智慧和策略，又被叫作"冰上国际象棋"，你可以在大型滑冰运动中心和专业冰壶馆体验一下。

5. 中国冰壶成绩

2010 年温哥华冬奥会，由王冰玉、柳荫、岳清爽、周妍组成的中国女子冰壶队获得铜牌，改写了中国冰雪团体项目没有奖牌的历史。中国男子冰壶队和混双队在 2014 年索契冬奥会和 2018 年平昌冬奥会上分列第四名，遗憾与奖牌擦肩而过。

在北京冬奥会上，中国女子冰壶队波动较大，以 4 胜 5 负的成绩收官，最终排名第七。中国男子冰壶队以 4 胜 5 负排名第五位，与四强擦肩而过。在混双比赛中，中国组合高开低走，最终取得第九名的成绩。

（七）高山滑雪

1. 概况及历史

一般认为高山滑雪比赛的起源在阿尔卑斯山山区，20 世纪滑雪运动在这里发展为现代体育运动。德国于 1879 年举行了高山滑雪比赛，这项运动发展的另一个里程碑是在 1893 年克里斯多夫·伊斯林在瑞士格拉鲁斯建立了第一个高山滑雪俱乐部。

第一届国际高山滑雪比赛是由阿诺德·伦恩爵士于 1928 年举办的，1931 年第一届 FIS（国际滑雪联合会）世界锦标赛在瑞士举行。

高山滑雪

2. 场地及装备

（1）场地

滑雪场一般在冬季有降雪和积雪的地方依山而建，同时通过造雪机等人工造雪的工具建造不同的雪道。在奥运会的比赛中，高山滑雪赛道最高海拔达到 800 ～ 1000 米，而自由式滑雪、单板滑雪只需要低于海拔 200 米的赛道。

（2）装备

① 滑雪板：滑雪板由保护层、液态金属层、板芯、边刃、板底构成，帮助运动员在雪上快速滑行。

② 滑雪杖：除跳台滑雪、单板滑雪外，其他滑雪项目都使用滑雪杖。滑雪杖帮助运动员控制重心，在起滑时用于支撑，滑行中起平衡作用。滑雪杖的长度一般为 90 ～ 125 厘米。

③ 滑雪服：防水保暖，密封严实，避免碎雪进入衣服里。滑雪服的颜色一般十分鲜艳，这主要是为了安全，即当出现事故或迷失时便于被发现。除此之外，头盔和护目镜也是很重要的装备。

3. 比赛及规则

高山滑雪比赛，按照平均速度排列，从高到低依次为滑降—超级大回转—大回转—回转（场地示意图见图 2-14），旗门数则与速度成反比。回转比赛要求选手急速过弯，所以场地弯道较多，呈蛇形。而大回转则要求更为宽阔且转弯幅度大的赛道。大回转与滑降项目的弯赛道较少，且设有较宽的关口。以滑降项目为例，运动员通过旗门的平均速度大约为 100 千米 / 时。

图 2-14 高山滑雪比赛项目示意图

4. 技术动作

平衡姿势：先要找一块平坦的雪地，将滑雪板分开，与肩同宽平衡站立，重心落在两脚的脚弓中间，滑雪板均衡受力，踝部略微弯曲，膝部和臀部也要稍微弯曲，背部要挺直、放松，双臂弯曲，手向下伸可至滑雪鞋的前尖，与腰在一个高度上。摆好姿势后要放松，保持一会，然后站直，重复几次。

滑行姿势：找稍有一点坡度的雪道，开始学习滑行，这时应注意身体的重心向前移，两板保持平行，滑过的痕迹是两条平行直线，反复练习几次。犁式是一种简单易学的滑雪方式，它的动作是双脚呈内"八"字形开始滑行，从开始滑直到停下来始终保持这一动作。顺着雪道滑下一次后，你会发现，滑到雪道的下端平缓地时，速度会降下来，这说明犁式能降低速度，达到了控制速度的目的。如果再回头看一下滑过的痕迹，可以看到不是两条直线，而是两条滑雪板横刮的痕迹。学会了犁式滑雪，能熟练滑行以后，你会觉得滑雪像散步一样流畅、轻松、自如。

5. 中国高山滑雪成绩

高山滑雪项目在中国起步较晚，中国运动员之前在这个项目上没有奖牌入账。北京冬奥会上，中国队历史上首次成功"解锁"高山滑雪全项目参赛资格。在高山滑雪女子全能比赛中，孔凡影以 2 分 47 秒 68 的成绩顺利完赛，排名第 15 位，创造了中国队在这个项目的历史最好成绩。在高山滑雪女子滑降比赛中，孔凡影凭借 1 分 44 秒 53 的成绩成为中国首个在该项目中完赛的运动员。

（八）越野滑雪

1. 概况及历史

越野滑雪是以滑雪板和滑雪杖为工具，滑行于山丘雪原的运动项目。该项目较之其他滑雪项目，受伤风险较小。冬季奥运会越野滑雪分男子 6 项和女子 6 项，共 12 个小项。

越野滑雪起源于斯堪的纳维亚半岛，并传播至欧洲其他地区。越野滑雪是最原始又最受欢迎的北欧滑雪运动。这项运动诞生于北欧，所以也被

越野滑雪

称为北欧滑雪（对应的是高山滑雪，即阿尔卑斯滑雪，取名自诞生地阿尔卑斯山）。在现代，越野滑雪远比高山滑雪更早受到欢迎，而且挪威也被普遍认为是滑雪比赛的发源地。

2. 场地及装备

赛道路线中的上坡、平地、下坡所占比例均为 1/3（图 2-15），选手需要使用传统式或自由式滑雪技巧进行比赛。

上坡：1/3　　　　　平地：1/3　　　　　下坡：1/3

图 2-15　越野滑雪场地示意图

越野滑雪装备包括滑雪板和滑雪杖等。滑雪板又分传统式和自由式。传统式滑雪板较长，有明显的弓形弧线，长度应大于运动员身高 30 厘米；

自由式滑雪板的板底有较大的涂蜡层，利于滑行，长度一般比运动员身高多出 15～20 厘米。越野滑雪杖通常高于使用者的腰部但低于头顶。

滑雪者在每个雪板的底部打凹底蜡和滑行蜡，凹底蜡在上坡环节发挥抓合作用，而滑行蜡帮助推动滑雪者下坡和穿过平坦或起伏的地形。

3. 比赛发展

1924 年法国夏蒙尼第 1 届冬奥会举行了男子 18 千米和 50 千米的越野滑雪比赛。1936 年加米施—帕滕基兴冬奥会增加了 4×10 千米接力赛。女子越野滑雪第一次出现在 1952 年奥斯陆冬奥会上。1956 年，意大利的科蒂纳丹佩佐冬奥会增设女子接力比赛。其他的单项在 1964 年（5 千米）、1984 年（20 千米）、1992 年（30 千米）增设。随着 20 世纪 80 年代自由式技术的发展，在 1988 年卡尔加里冬奥会以来，传统式与自由式可以交替使用。1992 年阿尔贝维尔的冬奥会上增加了追逐赛。

趣味小知识

越野滑雪目前在中国国内还不太流行，如果你的家乡没有雪山、雪场，可以先试试旱地滑雪（又称越野滑雪滑轮），它的基本运动方式与越野滑雪很近似。冬季两项的夏季比赛里也没有雪地，运动员也是穿着旱地滑轮进行比赛的。

4. 技术动作

越野滑雪的技术动作分为两种：传统式（平行式）和自由式。

北欧人在越野滑雪的悠久历史中一直以传统式为主。传统式的要点在于无论手臂摆动还是滑雪板的前后移动都要在平行的直线上，即两个滑雪板都要停留在准备好的赛道里。

在 1982 年首次 FIS（国际滑雪联合会）世界杯赛季期间，威廉·科赫推广了"滑冰"技术（被称为"自由式"，与"传统式"相对应）。自由式技术首先被斯堪的纳维亚半岛的长距离滑雪者使用，他们使用一边的滑雪板在赛道里滑行，另一边侧滑获得速度。自由式技术的速度要快于传统式。

平行式：前后平行移动

自由式：有向外蹬冰的动作

5. 中国越野滑雪成绩

越野滑雪不是中国队的优势项目。截至 2022 年，中国越野滑雪队没有拿到过冬奥会奖牌，但是成绩在逐步提升，与欧美高手的差距在缩小。2006 年都灵冬奥会上，中国队获得女子 4×5 千米接力第 13 名，王春丽获得女子 10 千米第 18 名。2014 年索契冬奥会，李宏雪在女子 30 千米集体出发项目上获得第 22 名。

北京冬奥会申办成功后，中国加大了越野滑雪的人才培养力度，越野滑雪项目在中国稳步发展。北京冬奥会上，中国越野滑雪队实现全项目参赛，同时刷新了多项历史最佳成绩。

（九）跳台滑雪

1. 概况与历史

在跳台滑雪项目中，运动员需要沿着坡度为 35 度到 37 度的滑道，以超过 90 千米 / 时的速度下滑，使身体跃入空中，尽力飞行一段距离后稳定着陆。运动员在滑降与飞行过程中的优美动作是跳台滑雪的精髓。

跳台滑雪的历史可以追溯至 19 世纪，第一次有记载的跳台滑雪比赛是 1862 年在挪威的特吕西尔举行的。桑德雷·诺德海姆（挪威人，被称为"跳台滑雪之父"）在 1860 年不使用滑雪杖在石头上起跳，达到了飞行 30 余米的纪录。这个纪录保持了超过 30 年。

跳台滑雪的继续发展得益于数学家和工程师，经过更完备的计算，他们设置了更高的跳台。1936 年 3 月 15 日，泽普·布拉德尔成为第一个跳台滑雪超过 100 米的运动员，他在普兰尼卡跳出了 101 米的成绩。1937 年，国际雪联在法国夏蒙尼组织了首次北欧滑雪世界锦标赛，包括一项跳台比赛。

2. 场地及装备

跳台建立在雪山之上，根据滚落线确定 K 点所在位置，作为运动员

的基础分。跳台根据 K 点距离分为标准台 K-95 和大跳台 K-125（图
2-16）。在赛道一边设有裁判塔楼。

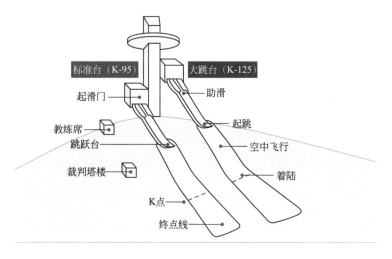

图 2-16　跳台滑雪场地示意图

跳台滑雪板要长于高山滑雪板，比一人身高还要长，约为 2.3 ~ 2.7
米。同时，运动员要穿紧身比赛服并佩戴头盔。

跳台滑雪

3. 比赛及规则

比赛共有 5 名裁判，各自以满分 20 分的评分标准对飞行距离、飞行方式进行评分。他们对选手的飞行姿态与着陆姿态的稳定程度进行评判后，对各个因素进行评分，给出飞行分数。排除一个最高分与一个最低分后，剩余 3 名裁判的分数与距离分数之和，便是该名运动员的最终分数。

在赛道一边设有裁判塔楼

4. 技术动作

1985 年，瑞典运动员扬·伯克洛夫在滑翔过程中率先将两个滑雪板的板尖向外分开形成"V"形。起初这一动作并不被认可，后经空气动力学风向实验结果证明，"V"形提供的提升力要比传统的两雪板平行姿势大28%，因此，后来所有运动员都采用这一动作。

跳台滑雪"V"形动作

5. 中国跳台滑雪成绩

我国在跳台滑雪项目上的整体实力与传统雪上运动强国还存在一定差距。2018年平昌冬奥会上，常馨月成为我国首位跻身冬奥会的跳台滑雪女子运动员，最终获得跳台滑雪女子个人标准台第20名，实现了中国女子跳台滑雪在冬奥会上的突破。

北京冬奥会上，我国共有3名运动员参加跳台滑雪比赛，首次实现男子、女子项目同时参赛，实现了参赛人数的突破。

（十）自由式滑雪

1. 概况与历史

自由式滑雪是选手们在斜坡上自由滑降，通过表演空中技巧来比拼艺术性的运动项目，也被称为"雪原的杂技"。

自由式滑雪

20世纪初，用滑雪板翻跟头这种行为在挪威、意大利、奥地利都有记载。在20世纪20年代初期，美国滑雪者开始做出翻转、旋转动作。滑雪装备的持续发展，更高、更结实的靴子的配备，还有叠层滑雪板的出现，都使滑雪技术得到提升。在20世纪50年代和60年代，欧、美两大洲的滑雪运动员继续尝试滑行和跳跃的新方法。

专业赛道在20世纪60年代中期出现，在20世纪70年代兴盛，吸引了大量的赞助企业和运动参与者。

2. 场地及装备

（1）场地

自由式滑雪的场地都是在雪场里单独设计、建设的，而且根据小项不同，会使用不同的赛道。

雪丘是人工堆雪而成的，选手顺着布满人造雪丘的陡峭赛道疾速滑下，赛道设有两个跳跃点，选手须完成 2 次跳跃动作。雪上技巧场地长 250 米，宽 18 米，坡度为 28 度，标准高差为 110 米。

（2）装备

自由式滑雪装备包括滑雪板、滑雪杖、滑雪靴、运动服以及手套等。自由式滑雪动作较为剧烈且冲击力较大，所以滑雪板必须安装脱落器，雪上技巧和空中技巧项目还必须安装停速器或止滑器，以保证滑雪板坚固、耐用。滑雪板的长度根据项目、场地、技术、运动员等因素的变化而不同，但根据规定，在雪上技巧中，男子运动员的滑雪板不得短于 190 厘米，女子不得短于 180 厘米，男女身高不足 160 厘米的运动员可以缩短 10 厘米（图 2-17）。空中技巧项目滑雪板长度没有限制，但所有滑雪板的固定器都应该安全可靠，并具有自动脱落系统。

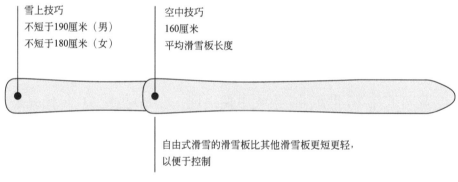

图 2-17　自由式滑雪板长度

3. 比赛及规则

与比拼速度的高山滑雪不同，自由式滑雪的最大特征是能欣赏到选手们华丽的空中技巧，如后空翻、转体等。冬季奥运会上，其项目分为雪上技巧、空中技巧、U 型场地技巧、大跳台、障碍追逐与坡面障碍技巧，男子、女子共有 13 个小项比赛。

4. 技术动作

自由式滑雪最具有代表性、最好辨识的一个动作，是选手们乐于使用的"Helicopter"空中转体动作（因雪板交叉类似直升机螺旋桨而得名）——跳跃之后腾空交叉雪板。

自由式滑雪空中技巧的空中转体动作

Helicopter 空中转体

5. 中国自由式滑雪成绩

作为我国雪上运动的头号强队，在北京冬奥会以前的多届冬奥会中，自由式滑雪空中技巧队获得过 1 金 6 银 4 铜的优异成绩，我国在雪上项目中取得的奖牌基本都集中在这个单项上。2006 年都灵冬奥会，韩晓鹏夺得自由式滑雪男子空中技巧冠军，这是我国男运动员取得的首枚冬奥会金牌，也是中国雪上项目的首枚冬奥会金牌。

在北京冬奥期间，空中技巧队的老将们纷纷选择为梦想坚持。徐梦桃凭借着全场最高难度动作稳稳落地，冬奥会四朝元老的她为自己，也为中国队赢得自由式滑雪女子空中技巧的首枚冬奥金牌。齐广璞凭借一套难度系数为 5.0 的超高难度动作获得自由式滑雪男子空中技巧项目冠军，这块奥运金牌填上了他"大满贯"拼图的最后一个缺口。

在北京冬奥会上，中国自由式滑雪运动员谷爱凌横空出世，在所参加的三个项目上共获得两金一银的优异成绩。自由式滑雪大跳台是北京冬奥会的新增项目，谷爱凌在前两跳之后暂列第三。最后一跳谷爱凌挑战极限，顺利完成了一个"之前只是想过"的动作，实现反超，以总分 188.25 分夺得冠军，这也是北京冬奥会中国体育代表团雪上项目的首金。在自由式滑雪女子坡面障碍技巧决赛中，谷爱凌在前两轮失误的情况下，凭借第三跳的完美发挥，获得一枚银牌。自由式滑雪女子 U 型场地比赛是谷爱凌的最强项，她在一出场就展现出了"统治级"的表现：首轮 93.25 分已无人能超越，次轮 95.25 分扩大优势，在已经锁定金牌的第三轮，谷爱凌选择用最轻松的姿态从雪道上滑下来，迎接全场的欢呼。

（十一）单板滑雪

1. 历史

单板滑雪的发展缘起于舍曼·波潘（Sherman Poppen）的发明，他在 1965 年冬为了给他的女儿带来欢乐，将一双滑雪板连接到一起。波潘将他的发明命名为"Snow board"（滑雪板）。

单板滑雪在 20 世纪 70 年代受到欢迎，迎来繁荣发展期，这项运动由此开始进入传统的滑雪胜地。虽然它起初受到很多高山滑雪运动者的抵制，但单板的流行不可阻挡，单板滑雪很快作为一种新兴运动占据了滑雪运动杂志的封面。

单板滑雪作为朋克文化、极限运动的代表，是现代年轻人最喜欢的冰雪运动之一。

单板滑雪

2. 场地

单板滑雪的障碍追逐、坡面障碍技巧、U 型场地技巧以及大跳台，与自由式滑雪的这些小项可以共用场地，唯一不同的是平行大回转的比赛，这个小项又被叫作单板滑雪中的高山滑雪。

平行大回转赛道规格：标准高度差为 120 ～ 200 米；全长 400 ～ 700 米（建议采用 550 米）；至少须设置 18 个旗门（建议设置 25 个）；蓝旗赛

道与红旗赛道之间应保持 20～27 米的距离；平均坡度须为 16 度（±2 度）；坡道宽度须至少为 40 米（图 2-18）。

图 2-18 平行大回转赛道局部示意图

3. 比赛项目

单板滑雪是指利用滑雪板从雪坡上滑降的运动。20 世纪 60 年代，单板滑雪在美国发展成为一项运动，之后在 1998 年日本长野冬奥会首次成为正式奥运项目。2018 年平昌冬奥会上设置了平行大回转（男、女）、U 型场地技巧（男、女）、障碍追逐（男、女）、大跳台（男、女）、坡面障碍技巧（男、女）等共 11 个小项。

4. 中国单板滑雪成绩

2018 年平昌冬奥会，刘佳宇在女子 U 型场地技巧比赛中夺得一枚银牌，实现中国队单板滑雪项目冬奥会奖牌零的突破。北京冬奥会上，中国队的成绩比上届更为耀眼，凭借 1 金 1 银位列该项目奖牌榜第四，历史上首次跻身该项目金牌国家的序列。这 1 金 1 银都是由参赛时仍未满 18 岁的"天才少年"苏翊鸣夺得。在单板滑雪男子坡面障碍技巧决赛上，苏翊鸣在第一轮滑行后暂列第四，第二轮他升级难度，直接拿出 1440 度接 1620 度接 1800 度的动作组合，这套动作组合苏翊鸣此前从未在正式比赛中展示，1800 度的难度更是全场最高。最终，裁判打出了 88.70 分的全场第二的高分。凭借这一滑，苏翊鸣收获了单板滑雪男子坡面障碍技巧银牌，这是中国单板滑雪首枚冬奥会男子项目奖牌。在单板滑雪男子大跳台决赛中，苏翊鸣发挥更为出色，他凭借前两跳的出色发挥，在第三跳前便锁定了金牌，于是第三跳苏翊鸣选择了一个能让自己舒服落地的动作，他宛如一只大鹏，在天空飞翔。

趣味小知识

现在最受关注的是 Big Air 大跳台的比赛，这个小项也是唯一一个安排在北京城区的首钢大跳台场地进行的比赛，吸引了更多的年轻人关注。

（十二）雪车、钢架雪车、雪橇

1.概况

冰雪运动除了滑冰、滑雪，还有很多其他有趣的比赛，比如在长1千米的赛道上从高山滑下的滑行类项目，包括雪车、钢架雪车、雪橇。其中速度最快的是雪车，又被叫作"雪上F1赛车"。

雪车、钢架雪车和雪橇都是使用同一条赛道进行比拼的竞速类滑行项目。这三个项目分属七大项里面的两个不同的协会。雪车和雪橇是大项，分别对应着国际雪车联合会和国际雪橇联合会。国际雪车联合会主管的分项是雪车和钢架雪车。

虽然滑行于同一条赛道，但其实它们在运动特点上大有不同。雪车和钢架雪车，这两个项目主要靠的是下肢起跑获得动力推动橇体；而雪橇是运动员借助出发区的把手，前后晃动身体获得初始动力，并且运动员在起跑阶段还可以用冰爪做扒冰面的动作进行加速。

　　从滑行姿态上来看，首先比较好区分的是雪车，因其有比较明显的外围包裹的车体，运动员主要蹲坐在车内；钢架雪车运动员是头部向前、俯冲的姿势；雪橇则是仰卧的姿态。

　　从速度上来说，三个项目中一般最快的是雪车，它的速度最高可以达到 140～150 千米／时，其次是雪橇，再次是钢架雪车。滑行类的这三个项目要快于高山滑雪和跳台滑雪，牢牢占据了冬奥会所有冰雪项目里面速度的前三名。

雪车

钢架雪车

2. 中国雪车、钢架雪车、雪橇成绩

中国雪车队成立于 2015 年。2018 年平昌冬奥会，中国队首次参加了男子双人和四人两个雪车项目。中国组合李纯键和王思栋、金坚和史昊在双人雪车比赛中分列第 26 和 28 位，由邵奕俊、王思栋、李纯键和史昊组成的中国队在雪车男子四人座比赛中排名第 26 位。在北京冬奥会上，我国在四个雪车小项上实现全项目参赛，特别是在女子单人雪车项目上，怀明明获得第 6 名，创造了中国运动员在冬奥会该项目上的最好成绩，另一位中国选手应清排名第 9，这让我们看到以此项目为"突破口"，带动雪车项目整体水平提升的新希望。

中国钢架雪车国家队成立于 2015 年 10 月。该项目的先驱人物是耿文强，2018 年平昌冬奥会上，他代表中国队首次站在了冬奥会的舞台上，并且获得了第 13 名的成绩。北京冬奥会上，闫文港在男子钢架雪车比赛中获得一枚宝贵的铜牌，创造了中国钢架雪车的历史最好成绩。

中国雪橇国家队成立于 2015 年 9 月。北京冬奥会是中国雪橇队的冬奥首秀，中国雪橇队在男子单人雪橇、女子单人雪橇、双人雪橇和雪橇团体 4 个小项上全部完赛。虽然北京冬奥会上中国雪橇队的成绩难言优秀，但从全项目参赛、完赛的角度来看，他们已经实现了巨大的飞跃。

带你看比赛　项目英文名称

在冬季奥运会里，许多标识都是英文的，在比赛中英语也是官方语言之一。所以，我们学习了项目知识，也应该了解这些项目的英文名称。

冰球 Ice Hockey

冰壶 Curling

速度滑冰 Speed Skating

短道速滑 Short Track Speed Skating

花样滑冰 Figure Skating

越野滑雪 Cross-country Skiing

跳台滑雪 Ski Jumping

北欧两项 Nordic Combined

高山滑雪 Alpine Skiing

自由式滑雪 Freestyle Skiing

单板滑雪 Snowboard

冬季两项 Biathlon

雪车 Bobsleigh

钢架雪车 Skeleton

雪橇 Luge

第三章

中国奥运人物传奇

一、经典传奇

（一）奥运突破第一金：许海峰

许海峰，1957年8月10日出生于福建省漳州市，前中国射击运动员。1984年7月29日在第23届洛杉矶奥运会上，他以566环的成绩获得自选手枪慢射金牌，成为中国奥运史上的首位冠军，实现了中国代表团奥运金牌榜零的突破。很多人记住许海峰都是因为这枚奥运金牌，但除此之外，他还是我国射击史上第一位同时获得奥运会、世锦赛、亚锦赛冠军的优秀运动员。

1952年赫尔辛基奥运会，新中国代表团首次登上奥运赛场，但由于与国际高水平运动员仍有一定差距，没能获得金牌。在第23届洛杉矶奥运会之前，"东亚病夫"的称呼一直伴随着国人，所以不仅是许海峰本人，还有更多的中国运动员乃至中国民众都在期待着这枚金牌，期待着中国代表团在奥运金牌榜上零的突破。但就是这样的期待使得许海峰的内心充满矛盾——踌躇满志又略有焦虑。经历了漫长且艰辛的等待，此时是距离奥运冠军最近的一次，许海峰不想就这样和自己的梦想擦肩而过，他需要全力以赴，实现突破。

许海峰的突破使中国人热泪盈眶，大家记住了这枚来之不易的金牌，更记住了赢得这枚金牌的许海峰。在许海峰的心里，短短几十分钟的比赛却显得比一个世纪还长。但就是这场短暂而又漫长的比赛，让中国人在多年后的今天仍然记忆犹新、念念不忘。

退役后的许海峰被任命为国家射击队女子手枪主教练，培养出李对红、陶璐娜等奥运冠军，之后又先后担任国家射击队总教练、国家体育总局射击射箭运动管理中心副主任。从金牌运动员到金牌教练，再到领导干部，许海峰始终在体育领域贡献着自己的力量。

（二）艰苦拼搏的女排精神：郎平及中国女排

1981 年，在日本举行的第 3 届女排世界杯上，中国女排以七战全胜的战绩首次问鼎世界冠军，这一胜利开启了女排姑娘们前无古人的"五连冠"伟业。历史总是惊人地相似，2019 年，同样在日本举行的第 13 届女排世界杯上，女排姑娘们再次以全胜的战绩实现卫冕，这次胜利已经是中国女排第十次获得世界排球"三大赛"冠军了。时至今日，国人对中国女排的情感早已不是因为一场胜利，而是因为她们在国际赛场上表现出的祖国至上、团结协作、顽强拼搏、永不言败的精神面貌。女排的成功不是一蹴而就的，众多体育人为中国的排球事业奉献了宝贵的青春与力量。

1976 年，主教练袁伟民精挑细选组建了新一届中国女排，她们在条件简陋的竹棚里摸爬滚打、千锤百炼，经历着一轮轮的"魔鬼训练"。在艰苦中磨炼，在苦难中成长，女排姑娘们的付出得到了回报。从 1981 年到 1986 年，中国女排夺得第 23 届奥运会冠军，两次夺得世界杯冠军和世锦赛冠军，"五连冠"的战绩史无前例！

当时正值改革开放初期，中国女排永不言弃和追求卓越的精神不仅鼓舞着全国人民，更向全世界展示了中国人团结一致、顽强拼搏的国家形象，激发了国人的自豪感和自信心。当时，《人民日报》头版头条报道了女排首次夺得世界冠军的喜讯，同时号召民众"学习女排，振兴中华"。

2012 年伦敦奥运会，中国女排遭遇惨败，陷入低谷。2013 年，郎平临危受命，重新担任中国女排主教练。在任期间，朱婷、袁心玥、张常宁、龚翔宇、丁霞等主力球员先后涌现，由郎平率领的中国女排先后获得两次世界杯冠军、一次奥运会冠军、一次世锦赛亚军和一次世锦赛季军的优异成绩，中国女排在经历最困难时期后再次腾飞！

（三）国家荣誉铸就不败之师：中国跳水、体操、乒乓球队

梦之队，顾名思义就是梦幻般的队伍，指的是在赛场上所向披靡的各国王牌队伍。在我国，也有三个项目团体享有"梦之队"的荣誉，它们分别是"跳水梦之队""体操梦之队""乒乓梦之队"。

中国跳水梦之队：从崛起走向辉煌

我国在跳水项目上是著名的强国。从 1984 年洛杉矶奥运会中国跳水队首次参赛到 2021 年东京奥运会，我国共获得 47 枚奥运跳水金牌。截至 2022 年第 19 届布达佩斯世界游泳锦标赛，中国跳水队的世锦赛金牌已突破 100 枚。在亚运会上，我国跳水项目还保持着从 1974 年首次参加亚运会到 2018 年雅加达亚运会 44 年不败的战绩。傲人的战绩背后，是运动员、教练员和所有工作人员的辛苦付出。跳水领队周继红曾说中国跳水队其实更应该称为"拼之队"，所有的成绩都是拼出来的。多年来，外国跳水运动员一次次地向我国选手发起冲击，但中国跳水队不断总结经验，寻求突破，始终站在世界跳水的巅峰。

中国体操梦之队：北京奥运创造九金传奇

中国体操队也是一支"荣誉之师"，在 2008 年北京奥运会上，中国体

操队共夺得九枚金牌，为中国队登上金牌榜首位增添了浓墨重彩的一笔。在中国体操运动员一次又一次夺冠的背后，是无数体育人为我国的体操事业付出的汗水与努力。运动员严格训练，队友之间互相鼓励、互相帮助，教练与队员之间相互关心、相互爱护，形成了一个"团结、拼搏、向上"的优秀集体，使中国体操队超越历史，"梦之队"名副其实。

中国乒乓梦之队：统治地位难以撼动

中国乒乓球队是一支满载荣誉的队伍。1959 年，乒乓球运动员容国团成为新中国第一个世界冠军。至 2021 年 4 月，中国乒乓球队的 116 位世界冠军为中国代表团收获了 28 枚奥运金牌，包括 6 个团体冠军，22 个单项冠军。这一傲人成绩的取得是全队上下共同努力的结果。队员们每天都要挥拍上千次，同时组织男女对练、男帮女练，认真研究技术难点、自身弱点和对手特点，积极尝试创新，始终保持队伍凝聚力、战斗力，保证传承好、诠释好国乒精神。

（四）中国速度百年传承：刘长春、刘翔、苏炳添

刘长春：中国奥运第一人

刘长春 1909 年 11 月 25 日出生于奉天省（今辽宁省）大连市。1932年洛杉矶奥运会，刘长春在经历了常人难以想象的困难后代表中国首次站在了奥运会的赛场上，他也由此成为第一位正式参加奥运会的中国运动员。在小组赛中，虽然成绩与世界一流水平尚有差距，但中国人能站在奥运会的赛场上就已经有了莫大的意义。刘长春身后是山河破碎的旧中国，此次单刀赴会，万里关山，他留下了"愿诸君奋勇向前，愿来日我等后辈

远离这般苦难"的愿望。1936 年，他再次代表中国参加第 11 届奥运会，但在路途中经历了近一个月的海上颠簸后他状态欠佳，没能取得好的成绩。退役后的刘长春在大连工学院（现大连理工大学）任教，同时还编写了《短跑运动》一书，继续为我国的体育事业贡献自己的力量。

刘翔：亚洲飞人

刘翔 1983 年 7 月 13 日出生于上海市普陀区，前男子 110 米栏运动员。他是中国乃至亚洲田径史上第一个集奥运会、室内室外世锦赛、国际田联大奖赛总决赛冠军和世界纪录保持者多项荣誉于一身的运动员。2004 年雅典奥运会上，刘翔在 110 米栏决赛中以 12 秒 91 的成绩夺冠。这枚金牌使刘翔成为中国田径史上第一位男子奥运冠军，也帮助中国实现了该项目金牌榜零的突破。比赛结束后，刘翔喊出了"谁说黄种人不能进奥运前八"的霸气发言。他所展现出的中国速度、亚洲速度让中国人热血沸腾，为之骄傲，为之自豪。

苏炳添：中国速度

苏炳添 1989 年 8 月 29 日出生于广东省中山市，前男子短跑运动员，男子 60 米、100 米亚洲纪录保持者。短短的百米赛道见证了中国体育的蜕变。1932 年洛杉矶奥运会刘长春站上百米赛道，留下了孤寂与遗憾；2021 年东京奥运会苏炳添晋级奥运百米决赛，创造了纪录与荣耀。

2021 年东京奥运会男子 100 米半决赛上，苏炳添被分到了"死亡之组"。看到这一分组名单后，苏炳添的目标就是只和自己比，尽可能地发挥出自己的最高水平。起跑后，苏炳添一直处于领先位置，这样的优势一直保持到比赛结束。赛后，大屏幕上第一个显示出苏炳添的名字，紧跟着的是 9 秒 83 这一新的亚洲纪录。苏炳添凭借着半决赛第一的成绩进入决赛，成为首位闯入奥运男子百米决赛的黄种人。这样的成绩不仅让苏炳添实现了自己的梦想，更是实现了中国历代短跑前辈们的梦想。从刘长春到刘翔再到苏炳添，"中国速度"薪火相传、永不言败，他们是中国的骄傲，也是亚洲的荣耀。

二、 当代传奇

（一）冷静与坚毅：杨倩

　　杨倩 2000 年 7 月 10 日出生于浙江省宁波市，中国女子射击运动员。2021 年东京奥运会女子 10 米气步枪决赛中，杨倩以 251.8 环的成绩夺得冠军，在创造新的奥运纪录的同时也为中国代表团拿下本届奥运会的首枚金牌。在之后的比赛中，杨倩与队友杨皓然搭档，获得 10 米气步枪混合团体金牌，成为中国奥运历史上首个 00 后"双金王"。

　　2010 年，年仅 10 岁的杨倩就以出色的成绩完成了平衡测试、垒弹壳测试等专业测试，初次崭露头角的她被射击教练虞利华看中。当时，虞教练形容她的眼睛自信、专注、有胆量，和别人的不一样。很快，虞教练的评价得到了验证。2014 年，只练习了四年射击的杨倩在浙江省运动会女子 10 米气步枪项目上就打出了 40 发 399 环的世界级水平，也正是这场比赛，让虞教练把杨倩送往清华附中接受更为专业、全面的学习。在清华附中，杨倩白天需要上文化课、练习射击，晚上又要上晚自习。高中毕业后，杨倩进入清华大学经济管理学院就读。因此，有网友戏称杨倩"趁着放暑假拿了两块奥运金牌"，堪称最强"暑假实践"。

但是，杨倩的奥运之旅并不是一帆风顺的。2019 年，第一次参加国际赛事的杨倩成绩平平，最终没有挤进决赛。之后受疫情影响，许多赛事被迫取消，没有国际赛事能够帮助杨倩积累经验。直到 2020 年 3 月，杨倩才在广州最后一场选拔中拿下东京奥运会的门票。杨倩夺冠后，"粉色珍珠美甲""胡萝卜发绳""小黄鸭发卡""杨倩比心"冲上热搜，身经百战的奥运冠军不仅表现出了赛场上的沉着冷静，还表现出了赛场下的天真无邪。射击运动员、爱打扮的小女孩、努力的普通人……这位 00 后奥运冠军，已经成为众多新生代们的偶像。

（二）坚持与信仰：张雨霏

张雨霏 1998 年 4 月 19 日出生于江苏徐州，中国女子游泳运动员。2021 年东京奥运会上，张雨霏以打破奥运纪录的成绩夺得东京奥运会女子 200 米蝶泳金牌，为中国拿下本届奥运会首枚游泳金牌。同时，她还获得了东京奥运会女子 100 米蝶泳银牌、女子 4×200 米自由泳接力金牌、4×100 米混合泳接力银牌。东京一战，张雨霏终于破茧成蝶，成为中国新一代"蝶后"。

张雨霏出生于游泳世家，父母都是专业游泳运动员，她从小就跟随父母在泳池里玩水。在学习游泳之初，父母只是希望她能够学会游泳的基本技能，游得像模像样一些。但是转折发生在 2009 年，这一年，11 岁的张雨霏跟随启蒙教练孔淼第一次参加正式比赛，在只报了两个副项的情况下，张雨霏全部拿到冠军。2010 年江苏省运动会上，只有 12 岁的张雨霏大放异彩，夺得 2 金 3 银 1 铜的优异成绩，凭借江苏省运动会上的优异表现，张雨霏被选入了江苏省体校。随后，又因为在省体校表现出色，13 岁的张雨霏未经试训直接入选江苏省游泳队。在看到女儿的游泳天赋后，父母也果断地把她送进了专业队。

张雨霏身体素质优越，特别是在同样的训练量下，她的身体可以比别人恢复得更快。除了明显展现出的天赋外，张雨霏还是一位认真、踏实、能吃苦的运动员，对于教练布置的训练任务，她每次都是保质保量完成。张雨霏15岁进入国家队，17岁参加2015年俄罗斯喀山世锦赛，首次参加世锦赛的她就获得了一枚宝贵的奖牌，这是对她能力的莫大认可。

但是没有谁能一帆风顺。张雨霏在2018年和2019年的世界大赛上状态欠佳，遭遇竞技生涯的低谷，此时，她也萌生过放弃的念头。但在母亲、教练、队友的共同帮助下，张雨霏最终走出了人生的灰色阶段，迈过了人生的一道坎。2021年东京奥运会，张雨霏变得不可阻挡，成为奥运冠军也是众望所归。

（三）谦虚与坚韧：马龙

马龙1988年10月20日出生于辽宁省鞍山市，中国男子乒乓球队队长，世界乒坛史上第10位大满贯选手，也是首位蝉联奥运会乒乓球男单冠军的球员。

2021年东京奥运会上，马龙以4∶2的比分战胜樊振东拿下这枚男子乒乓球单打金牌，他也由此成为世界乒坛史上第一位男子单打双圈大满贯的运动员。赛后，央视用"伟大"一词称赞马龙，但马龙仍然谦虚冷静地表示：这是人生的一次重要经历，但不是人生的全部，未来仍希望自己能够踏踏实实。

　　这一路马龙其实走得并不容易。在此之前，他在漫长的时间里一直处于低谷期，甚至一度崩溃想要放弃。直到快要退役的年纪，才终于迎来了事业的巅峰期。马龙接触乒乓球运动是因为从小体弱多病。为了让他强身健体，5岁时，父母让他开始学习打乒乓球，但令人意外的是，马龙很快在训练中表现出过人的天赋。2001年，马龙被教练带去北京学习。从此，马龙的实力与日俱增，经过两年的系统深造，马龙凭借出色的成绩，进入国家乒乓球队。在国家队，马龙年轻听话，天赋极佳，胜率又高。他18岁出征世锦赛，一举夺冠。小小年纪就爬到了金字塔上层，成为国家队男队培养的核心队员。

　　但有一段时间马龙仿佛中了魔咒似的，尽管拿遍了大小赛事的冠军，却总在三大赛的关键时刻落败，无缘冠军。那段时间，马龙变得沉默寡言，甚至一度考虑过退役。后来他回忆起那段"至暗时刻"时说："当你身处深渊、退无可退的时候，眼前就只剩向上的一条路。"

　　为了更好更快地将马龙的状态调整回来，刘国梁教练对马龙制定了极为苛刻的特训规则：刘国梁可以遮挡、犯规罚球，且比分从刘国梁9∶7领先开始。这样做的目的是训练马龙的心态。就这样，马龙慢慢找回了状态和信心。2015年的苏州世乒赛半决赛，马龙对战樊振东。尽管当时樊振东只有18岁，但实力和马龙不相上下。这一次，马龙决定竭尽全力，放平心态去打，大不了就是退役。结果，他赢了！2021年的东京奥运会，马龙再一次遇上樊振东，他拼尽全力，终于击败樊振东拿下了超级大满贯。所以，对运动员来说，每一分都是努力拼来的，所有的头衔和荣耀都来之不易，我们永远不要低估一颗冠军的心。

（四）励志与自强不息：全红婵

全红婵 2007 年 3 月 28 日出生于广东省湛江市，中国跳水运动员。2021 年东京奥运会上，初登世界舞台的全红婵凭借近乎完美的表现夺得女子单人 10 米台冠军，帮助中国跳水队再次实现女子单人 10 米台奥运"四连冠"。

女子单人 10 米台是中国队的传统强项。1984 年洛杉矶奥运会，周继红夺得这个项目的冠军，开启了中国跳水近 40 年的辉煌历程。在随后的三届奥运会上，许艳梅和伏明霞帮助中国队实现在这个项目上的"四连冠"。虽然我国随后连丢两届冠军，但从 2008 年起，陈若琳、任茜和全红婵再次实现我国在这个项目上的奥运"四连冠"。

由于女子单人 10 米台项目受选手身体发育状况影响较大，因此运动员在发育后难以保持原有水平，更新换代较快。2020 年冠军赛，第一次参加全国大赛的全红婵异军突起，成为黑马，但更令人难以置信的是她在参加比赛前三周才学会全套动作，学会后就拿到了金牌。

除了她在赛场上的优异表现外，她的贫苦出身和励志经历也引发了广大网友的共鸣。全红婵家庭条件十分困难，父亲是农民，母亲遭遇车祸长年需要治疗，全家仅靠几亩小果园维持生计。在赛后接受采访时，全红婵说自己没去过动物园、游乐园，想吃辣条和玩抓娃娃，但最大的梦想还是赚钱给妈妈治病。全红婵在奥运赛场夺冠后，社会各界都向全红婵家伸出了援助之手，全红婵的父亲也表示大家有心就可以了，荣誉属于女儿，自己不会消费女儿的荣誉。

未来，全红婵将继续努力读书、训练，相信她的成绩会越来越好，也希望能在巴黎奥运会赛场上再次见到她的身影。

（五）永不言弃：巩立姣

巩立姣 1989 年 1 月 24 日出生于河北省石家庄市，北京体育大学2018 级研究生冠军班学生，中国女子田径运动员，女子铅球领军人物。2021 年东京奥运会上，巩立姣凭借 20.58 米的个人最好成绩获得女子铅球项目金牌，为了这一刻，她等得太久了。

巩立姣 12 岁开始进行专业的铅球训练，在河北省田径队教练的指导下稳扎稳打，进步较快。2008 年北京奥运会，巩立姣首次征战奥运赛场就取得了第五名的优异成绩，随后又因为有选手被查出违规，巩立姣递补获得铜牌。2012 年伦敦奥运会，巩立姣凭借 20.22 米的成绩位列第四，但因为先后两次有选手被查出违规，巩立姣最终获得了一枚宝贵的银牌。2016 年里约奥运会是巩立姣最有可能收获金牌的时刻，但赛前状态不错的巩立姣最终只获得了第四名。对于这次失利，巩立姣说自己花了很长时间才从阴影中走出来。东京奥运会上，巩立姣终于把自己的奥运奖牌换了颜色，她力压劲敌，夺得金牌。

从 2009 年成绩首次突破 20 米到站上奥运冠军领奖台，巩立姣用了12 年。1 金 1 银 1 铜的奥运战绩背后，是巩立姣日复一日、年复一年的训练与坚持。作为一名运动员，又是一位老将，巩立姣的膝关节一直有旧伤，严重的时候她只能坐着投球，在一系列康复理疗之后，巩立姣状态逐步稳定，东京奥运会延期既给她带来了挑战，也带来了更多的准备时间。

奥运夺冠后，巩立姣所有的情绪都得到了释放。奥运四朝元老终于圆梦东京，她不仅实现了自己的梦想，更是帮助中国在这个项目上重新回到世界一流行列。

在距离 2024 年巴黎奥运会只有两年的时候，巩立姣也表示：如果祖国需要她，她就会一直练下去，直到练不动为止。希望巩立姣可以继续在自己热爱的事业上发光发热，在赛场上创造更多奇迹。

（六）不老军神：吕小军

吕小军 1984 年 7 月 27 日出生于湖北省潜江市，中国男子举重队运动员。在 2021 年东京奥运会男子 81 公斤级比赛中，吕小军以抓、挺、总均创奥运纪录的成绩获得冠军，并以 2 金 1 银的成绩成为中国夺得奥运奖牌最多的举重运动员。同时，时年 37 岁的他还成为奥运举重项目历史上年龄最大的金牌得主。

在 2012 年伦敦奥运会上，吕小军就以创抓举世界纪录的成绩获得了男子 77 公斤级的冠军。2016 年里约奥运会上，仍然具有冲金实力的吕小军由于体重比举起同重量的哈萨克斯坦选手重而遗憾摘银。吕小军原准备在里约奥运会结束后退役，但没能实现卫冕的他仍心有不甘。虽然已经过了作为一名举重运动员的黄金年龄，但对胜利的渴望使吕小军选择坚持。从里约奥运会到东京奥运会，五年的时间里，吕小军日复一日、年复一年地进行着枯燥的训练，同时还需要面临随着年龄上升而不断下降的身体机能的难题，但这些都没有让他退缩。最终，吕小军的坚持与努力得到了回报。

吕小军夺冠后，一些裁判、工作人员找他要签名、合照的场面让人印象深刻，这种场景在奥运会这样的国际重大比赛中实属少见，这也反映了吕小军在国外健美界的地位。向世界展现"中国力量"的吕小军拥有属于自己的庞大海外粉丝团，在国外最大的视频网站"YouTube"上，有关吕小军健身的视频都有着极高的播放量、转发量和评论量。2019年世界举重锦标赛期间，仅仅是他的一段训练视频都达到了429万的播放量。大家称赞吕小军几近完美的肌肉维度和线条，感叹他能举起等于自身体重三倍的重量，同时也学习着他近乎教科书般的动作。除了之前姚明职业生涯集锦以外，还没有哪一位中国运动员的视频能够在"YouTube"产生如此高的影响力。"不老军神"吕小军，值得一切尊敬和赞美！

三、 冰雪传奇

（一）超越自我：杨扬、王濛、武大靖

杨扬：冬奥中国首金获得者

杨扬1975年8月24日出生于黑龙江省佳木斯市，曾任北京冬奥组委和冬残奥组委运动员委员会主席，现任世界反兴奋剂机构副主席。1998年日本长野冬奥会，杨扬首次站上冬奥赛场，最终在女子短道速滑500米的比赛中获得第八名，并和队友一起以打破世界纪录的成绩获得女子3000米接力比赛的银牌。虽然有一枚奖牌入账，但杨扬对这样的成绩并不满意。

杨扬认真总结过去，用积极的心态克服困难，她仔细回看之前的比赛，寻找可以提升的空间，将总结出的经验用在接下来的训练和比赛中。2002 年美国盐湖城冬奥会，包括杨扬在内的中国选手再一次向金牌发起冲击，但事与愿违，在杨扬的强项短道速滑女子 1500 米的比赛中她仅获得第四名，甚至无法站上领奖台。内心受到重大打击的杨扬知道，自己必须从 1500 米的失利中走出来，积极调整自己，迎接 500 米的比赛。最终，杨扬成功了！杨扬取得了中国代表团在冬奥史上的首枚金牌，在现场她激动得说不出话来。后来杨扬说："梦想让我们看见未来，激励我们前进，不断超越自我。"

王濛：冬奥四冠王

王濛 1984 年 7 月 9 日出生于黑龙江省七台河市，曾在 2006 年都灵冬奥会上获得短道速滑女子 500 米冠军，在 2010 年温哥华冬奥会上实现这个项目的卫冕，同时还夺得女子短道速滑 1000 米、3000 米接力冠军。

年少成名的王濛个性耿直，桀骜不驯，在和教练度过艰难的磨合期后，才认识到教练的真心，开始慢慢接受教练的安排，并试着把自己的位置放低，团队在她心目中的分量越来越重。王濛曾说，在获得的所有冬奥会金牌中，温哥华冬奥会上与队友一起获得的 3000 米接力金牌最为重要。教练和队友的支持让王濛一次次超越自我。但日渐成熟的王濛在赛场上依然霸道。作为令所有对手头疼的劲敌，只要有她上场的比赛，似乎连空气中都会变得充斥着绝杀的味道。王濛习惯性地歪着头、抿着嘴，然后标志性地举起右手向观众致意，这意味着一场由"旋风"领衔的表演赛也将随即开始。而"旋风"绝非浪得虚名，王濛在冬奥会 500 米决赛中一骑绝尘到甚至可以回过头来瞄一下对手，冲过终点时可以潇洒嚣张地举起双手食指，肆意地发泄狂喜，这种绝对自信的霸道更是让对手过目难忘。

武大靖：中国男子短道速滑奥运金牌第一人

武大靖 1994 年 7 月 24 日出生于黑龙江省佳木斯市，中国男子短道速滑队队员，奥运冠军，短道速滑男子 500 米世界纪录保持者、奥运会纪录保持者。

2018 年平昌冬奥会上，武大靖在男子短道速滑 500 米 A 组决赛中以创世界纪录的成绩夺得冠军。这枚宝贵的金牌不仅是中国代表团平昌冬奥会首金，更是中国男子短道速滑的奥运首金。在赢得奥运金牌之前，武大靖已经在短道速滑世界杯上屡获佳绩。在四站赛事中，中国队总共获得 4 枚金牌，其中 3 枚由武大靖获得。特别是在 2017 年奥迪国际滑联短道速滑世界杯上海站时，两位韩国对手对武大靖屡屡发力，轮番冲击但也无法超越，最终武大靖一举夺冠。

但在平昌冬奥会上，武大靖甚至全体中国运动员都面临过不利的局面。在 2018 年平昌冬奥会的短道速滑比赛中，至少有三分之一的犯规判罚落在了中国运动员身上，武大靖也在男子 1000 米半决赛和 1500 米 1/4 决赛接连被判犯规。面对如此重压，他在朋友圈这样写道："越是硬仗我们自身越该硬气，我会拼到最后。"男子 500 米短道速滑比赛当天，从 1/4 决赛到决赛，带着"拼到最后"的决心，武大靖一天之内两次刷新世界纪录。决赛中，他没有受第一枪抢跑的影响，从起跑开始便遥遥领先，没有给身后的两位韩国选手留下任何超越的机会，最终以 39.584 秒的成绩第一个冲过终点线，赢得中国军团在平昌冬奥会的唯一一枚金牌。

（二）克服伤病为国征战：叶乔波

叶乔波 1964 年 6 月 3 日出生于吉林省长春市，北京冬奥组委运动员委员会委员，前中国女子速滑运动员，冬奥史上中国首位获得奖牌的运动员。

1976 年，12 岁的叶乔波被选入八一速滑队，在那里开始了严格的艰苦训练。由于在八一队的表现优异，21 岁的叶乔波入选国家队。在国家队，叶乔波得到了更加专业的训练，成绩也有了显著的提高。1990 年第 7 届全国冬季运动会上，叶乔波获得 4 枚金牌。1991 年世界速度滑冰锦标赛中，叶乔波获得速度滑冰 500 米冠军，她也由此成为中国历史上第一位速度滑冰世界冠军。但叶乔波真正的高光时刻还是在 1992 年法国阿尔贝维尔冬季奥运会上。在这次冬奥会上，叶乔波在速度滑冰 1000 米和 500 米的比赛中分别获得一枚银牌，实现了中国代表团冬奥史上奖牌零的突破。

虽然拿到了两枚宝贵的银牌，但是在叶乔波看来，这一结果仍有遗憾。在她的强项速度滑冰 500 米的比赛中，对手的碰撞让叶乔波仅以 0.02 秒的差距和冠军失之交臂。颁奖典礼结束后，叶乔波抱着教练痛哭，所有的难过和委屈都在叶乔波的眼泪中不言而喻。也正是这一次的失利给了叶乔波在下一届冬奥会上必胜的决心。但是，常年训练和比赛留下的伤病让叶乔波不得不接受手术治疗。手术中，叶乔波膝盖中 8 个指甲盖大小的碎骨被取出。在大多数人看来，她无法参加下一届冬奥会了，但是叶乔波不甘心，她要借助这次机会向世界证明自己。

术后第二天，不听劝告的叶乔波就开始下床训练。尽管每次都要忍受着伤口撕扯的痛，隔天就要抽出一大管脓血，就连父亲都在劝她放弃，但无论如何叶乔波也要坚持练习。1994年利勒哈默尔冬奥会上，满身伤病的叶乔波还是站在了速度滑冰的赛场上，但由于做过手术的右腿完全使不上劲，只能靠左腿用力，状态不佳的她甚至可能摔倒在冰面上。最终，在她的坚持下，叶乔波获得了一枚宝贵的铜牌。这一次，叶乔波再一次委屈地哭了。比赛结束后，坐着轮椅回国的她被各大新闻媒体广泛宣传，她成了英雄，"乔波精神"也成了"中国精神"的代表。

退役后的叶乔波继续为自己热爱的滑冰事业发光发热，她说："我这一辈子，对得起我的祖国！"没有站上冬奥会的最高领奖台或许是叶乔波一辈子的遗憾，但她的精神足以感染我们每一个人，她足以成为令我们尊敬的英雄。

（三）矢志不渝的相互支持：申雪、赵宏博

申雪1978年11月出生于黑龙江省哈尔滨市，赵宏博1973年9月出生于黑龙江省哈尔滨市，前中国花样滑冰队运动员，两人从1992年开始搭档练习双人滑，是中国首枚冬奥会双人滑金牌得主。

花样滑冰双人滑项目是我国的优势项目，而提到双人滑，申雪、赵宏博的名字就呼之欲出了。1992年，赵宏博当时的双人滑搭档谢毛毛退役，于是教练姚滨选择了申雪作为赵宏博的搭档继续练习。在二人短短地进行了

四个月的配合练习之后，他们就拿到了全国冠军。从此，申雪和赵宏博两个名字就一直一起出现在各大比赛场上，全国冠军只是他们的起点。

1998 年长野冬奥会，第一次参加冬奥会的申雪、赵宏博拿到了第五名的成绩。在次年举办的世界花样滑冰大奖赛总决赛中，他们一举夺冠。凭借这一成绩，他们晋级到当时双人滑项目世界顶尖运动员之列。2002 年盐湖城冬奥会，备受关注的申雪、赵宏博虽然在自己的绝杀技——抛四周跳中出现了落冰失误，但是通过及时的补救及心态调整，他们顺利完成了剩下的难度动作，最终获得盐湖城冬奥会季军。这也是中国花样滑冰双人滑历史上第一枚奥运奖牌。一个月后的世锦赛上，携手十年的申雪、赵宏博在短节目和自由滑中均排名第一，成为中国双人滑历史上第一对世锦赛冠军。

伤病是运动员永远躲不开的话题，特别是赵宏博在 2005 年的一次训练中出现了跟腱断裂这样的致命伤，然而对于运动员来说，他们也更像是奇迹的创造者。从手术到恢复再到最终站上 2006 年都灵冬奥会的赛场，赵宏博只用了短短六个月的时间。最终，两人收获了第二枚冬奥会铜牌。2009 年，淡出赛场两年并且已经结婚的申雪、赵宏博重返国家队，他们这次回归的目标，直指冬奥会冠军。

2010 年，32 岁的申雪和 37 岁的赵宏博踏上了自己的第四次奥运征程。最后上场的申雪、赵宏博以刷新双人滑总分纪录的成绩，收获了自己职业生涯第一枚奥运金牌，也是中国花样滑冰历史上第一枚奥运金牌。同时，这也打破了苏联和俄罗斯选手对花样滑冰双人滑冬奥会冠军 46 年的垄断历史。

申雪、赵宏博在 1992～2010 年的职业生涯中，共获得冬奥会金牌 1 枚、铜牌 2 枚，世锦赛金牌 3 枚、银牌 3 枚、铜牌 1 枚，大奖赛总决赛金牌 6 枚、银牌 1 枚、铜牌 2 枚。时至今日，依旧无人超越。

（四）默默付出：以耿文强为代表的小众冰雪项目运动员

平昌冬奥会上，中国代表团凭借 1 金 6 银 2 铜的成绩位列奖牌榜第 16 位。这虽然与冬奥史上中国代表团的最好成绩尚有一定差距，但如果换一个视角可以发现，不一样的平昌冬奥会中国体育代表团，正在以另外一种方式发力：多个小众项目首次参加冬奥会，中国冬奥争金夺银项目不断增加。

与索契冬奥会相比，平昌冬奥会中国代表团在扩大参赛项目上实现了较大突破，第一次在 1 个大项、2 个分项、10 个小项上获得参赛资格，比如混合冰壶、跳台滑雪女子标准台、男子钢架雪车等。跳台滑雪女子标准台个人项目，常馨月作为中国首位站上冬奥会跳台滑雪赛场的女运动员，为中国代表团在此届冬奥会雪上项目创造了新的突破，意味着中国雪上项目又一块空白版图被"解锁"。耿文强完成中国队在冬奥会钢架雪车项目的"首滑"，同样创造了历史。

说起钢架雪车和耿文强，估计不少人都很陌生。但这两个合在一起成为"钢架雪车耿文强"，一定会被写入中国冬季运动发展历史。2021 年 11 月 26 日，耿文强在钢架雪车世界杯奥地利因斯布鲁克站上与英国和德国选手并列获得冠军，耿文强也成为中国钢架雪车项目的首个世界杯冠军，为中国钢架雪车创造了历史。其实早在 2018 年平昌冬奥会上，耿文强就已经创造了多个第一。在钢架雪车比赛中，他以四轮 3 分 24 秒 64 的总成绩排名第 13。如果仅看名次，没有摘金夺银，成绩平平，但这是中国首次参加冬奥会钢架雪车赛事，这是中国钢架雪车项目运动员第一次在冬奥会赛场上完成比赛，这是中国运动员在冬奥会钢架雪车项目的第一个成绩和名次，当然，这也是刚刚从田径跳远项目转行钢架雪车运动三年的耿文强第一次参加冬奥会。

经过这几年的努力，2022 年北京冬奥会，中国军团也交上了一份不俗的答卷，虽然耿文强最终没有获得冬奥会参赛名额，但后起之秀闫文港和殷正接过接力棒，站在了北京冬奥会的赛场上。在 2022 年 2 月 11 日的男子钢架雪车决赛上，闫文港在前三轮居劣势的情况下，敢打敢拼，在第四轮逆风翻盘，为中国钢架雪车夺得了一枚宝贵的铜牌，取得里程碑式的突破。奥林匹克不只有金牌和冠军，每一次超越都应该被我们铭记。

中国冰雪，未来可期，让我们为冰雪健儿摇旗呐喊，中国加油！

带你看比赛　赛场礼仪

无论是滑冰还是滑雪，都是观赏性极高的比赛，在现场观看会感觉比在电视上"快"得多。

冰上比赛都在场馆内进行，室内温度低，要穿御寒的衣服。

比赛开始，裁判员发令时要保持安静，滑行时不要开闪光灯给运动员照相。在看花样滑冰时，有一项特别的观赛礼仪——抛物礼，观众可以在表演结束后向场内投入鲜花和毛绒玩具，表达对选手的喜爱。

滑雪比赛的场地都是市郊山区，要注意保暖和安全。由于滑雪比赛观赛只能看到赛道一个部分，大多数观众会集中在终点区，可以多多关注广播播报的选手信息，发现比赛中的大明星。另外，太阳镜也是必要的，长时间观赛也要注意预防紫外线的照射。

只守在电视机前可不行，你也有很多机会，成为参与冰雪运动的小勇士！参与冰雪运动会让你的身体增强抵御严寒的能力，提高免疫力；在光滑的冰面或者从雪坡上滑行，也会锻炼你的勇气；另外，寒冷的冬日可不能窝在家里，应该走向户外，走向自然，一起领略冬季的魅力！